Découvrez l'histoire par les archives de presse

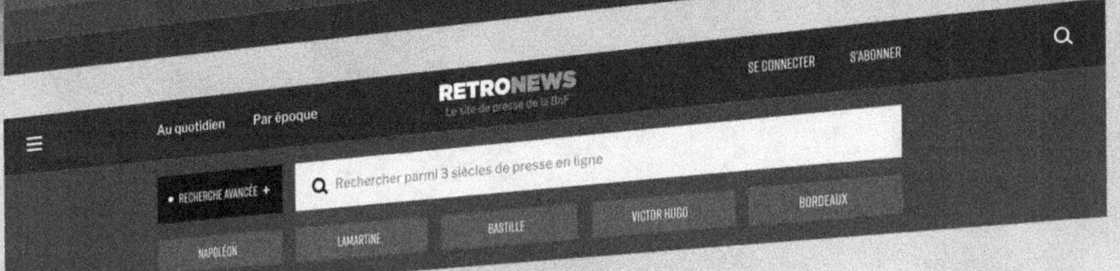

RETRONEWS

Le site de presse de la BnF

www.retronews.fr

RÉPUBLIQUE FRANÇAISE

—

DÉPARTEMENT DE SEINE-ET-OISE

COMMISSION

DE

L'INVENTAIRE DES RICHESSES D'ART

INSTRUCTIONS MINISTÉRIELLES

LISTE DES MEMBRES DE LA COMMISSION

RECUEIL DES PROCÈS-VERBAUX, DU 26 SEPTEMBRE 1878 AU 21 AVRIL 1881

ÉTAT DE SITUATION DES TRAVAUX

VERSAILLES

IMPRIMERIE ET STÉRÉOTYPIE CERF ET FILS

59, RUE DUPLESSIS, PLACE HOCHE, 13

—

1881

RÉPUBLIQUE FRANÇAISE

DÉPARTEMENT DE SEINE-ET-OISE

COMMISSION

DE

L'INVENTAIRE DES RICHESSES D'ART

INSTRUCTIONS MINISTÉRIELLES

LISTE DES MEMBRES DE LA COMMISSION

RECUEIL DES PROCÈS-VERBAUX, DU 26 SEPTEMBRE 1878 AU 21 AVRIL 1881

ÉTAT DE SITUATION DES TRAVAUX

VERSAILLES

IMPRIMERIE ET STÉRÉOTYPIE CERF ET FILS

59, RUE DUPLESSIS, PLACE HOCHE, 13

1881

COMMISSION

DE

L'INVENTAIRE DES RICHESSES D'ART

VERSAILLES

IMPRIMERIE CERF ET FILS

59, RUE DUPLESSIS

PREMIÈRE PARTIE

Instructions Ministérielles.

Le Ministre de l'Instruction publique et des Beaux-Arts
au Préfet de Seine-et-Oise.

Palais-Royal, le 14 août 1876.

Monsieur le Préfet,

En 1874, un de mes prédécesseurs décida qu'un Inventaire général des richesses d'art de la France serait dressé par les soins de l'Administration des Beaux-Arts. Une commission spéciale fut chargée d'organiser ce vaste travail et d'en surveiller l'impression ; elle se mit à l'œuvre immédiatement, et, dans peu de temps paraîtront à la fois les premiers volumes des quatre séries dont se composera la publication : monuments civils et religieux de Paris ; monuments civils et religieux des départements. Les différentes pièces et les spécimens que je vous envoie sous ce pli vous permettront de juger de l'étendue de l'entreprise, de son importance au point de vue national, des services qu'elle doit rendre aux artistes, aux historiens, aux érudits dans tous les genres.

Une publication si considérable ne pourrait toutefois être menée à bonne fin, si nous ne devions compter, dans les départements, pour les travaux préparatoires, sur le concours actif de toutes les personnes qui, par profession ou par goût, s'y occupent de l'histoire des Beaux-Arts. Déjà, mon administration a demandé à MM. les Conservateurs des musées départementaux et à MM. les Archivistes de lui faire parvenir des catalogues complets des collections dont ils ont la garde. La plupart ont répondu à cet appel, et leur travail est entre les mains de la Commission.

Mais l'établissement du catalogue des objets d'art innombrables conservés dans les églises, mairies, hospices, et tous autres monuments publics que les musées, ne présente pas évidemment les mêmes facilités, parce que les personnes préposées à leur garde n'ont point toujours une compétence spéciale pour en apprécier la valeur.

Dans cette circonstance, j'ai pensé, Monsieur le Préfet, que mon Administration trouverait des collaborateurs naturels et empressés dans les membres des sociétés savantes et des sociétés de beaux-arts si nombreuses aujourd'hui en province, lesquelles, ayant surtout pour objet l'étude des monuments locaux, auraient sans doute peu de chose à faire pour réunir en peu de temps tous les matériaux qui nous sont nécessaires. Je viens donc vous prier de vouloir bien me faire savoir quelles sont les académies, sociétés savantes, sociétés de beaux-arts, etc..., actuellement organisées dans votre département, avec qui l'administration des Beaux-Arts pourrait établir des communications à ce sujet. Vous pouvez dès aujourd'hui *communiquer à ces diverses sociétés la présente circulaire en leur demandant si leur intention est de prendre part à ce grand travail,* et en les prévenant d'ailleurs, que toutes les monographies publiées dans l'inventaire général porteront la signature de leurs auteurs.

En me communiquant le résultat de vos démarches, vous voudrez bien en même temps me faire connaître : 1º la date de fondation de ces diverses sociétés, les noms de leurs présidents, vice-présidents et secrétaires ; 2º votre avis sur la répartition qu'il conviendrait de faire du travail entre elles ; 3º tous les renseignements qu'il vous aura été possible de vous procurer soit sur les publications déjà faites pouvant servir de base à l'Inventaire dans votre département, soit sur les personnes qui vous paraîtraient, *à défaut ou en dehors de ces sociétés,* les plus capables de nous prêter une collaboration utile.

Je saisis cette occasion pour vous informer que mon intention est d'assimiler dans l'avenir les sociétés qui, sous divers titres, s'occupent de l'encouragement des beaux-arts, aux académies et sociétés savantes qui correspondent déjà avec le Ministère de l'instruction publique. Les sociétés des Amis-des-Arts ou sociétés des Beaux-Arts, dont vous aurez constaté l'organisation sérieuse, et que vous croirez devoir signaler à mon intérêt, seront donc, dès l'année prochaine, appelées à prendre part à la réunion solennelle des sociétés savantes qui a lieu chaque année à Paris, ainsi qu'aux récompenses qui y sont distribuées.

Je vous serai obligé de vouloir bien me donner aussi promptement que possible réponse aux diverses questions contenues dans la présente circulaire.

Recevez, Monsieur le Préfet, l'assurance de ma considération distinguée.

Pour le Ministre de l'Instruction publique et des Beaux-Arts,

Le Directeur des Beaux-Arts,

PH. DE CHENNEVIÈRES.

Le Ministre de l'Instruction publique, des Cultes et des Beaux-Arts au Préfet de Seine-et-Oise.

Palais-Royal, le 9 février 1878.

Monsieur le Préfet,

Par la circulaire ministérielle, en date du 14 août 1876, que je remets sous vos yeux, les Sociétés savantes et les Sociétés des Beaux-Arts des départements avaient été déjà invitées à collaborer à la publication de l'Inventaire général des richesses d'art de la France. Un grand nombre d'entre elles ont répondu à l'appel qui leur était transmis, et quelques-unes se sont aussi fait représenter par des délégués à la réunion de la Sorbonne, en avril 1877.

Depuis cette époque, la Commission de l'Inventaire a été reconstituée sur de plus larges bases par le décret présidentiel du 9 juin 1877, et le moment est venu de répartir d'une manière définitive la tâche importante qui l'occupe.

Afin d'assurer la bonne marche de la rédaction, vous voudrez bien, Monsieur le Préfet, si vous ne l'avez déjà fait, nommer une commission départementale chargée, sous votre surveillance, de répartir et de centraliser le travail.

Je vous rappelle les principes qui doivent servir de base à cette répartition.

L'Inventaire des *Monuments historiques classés*, dont la liste vous est adressée sous pli, est réservé à l'architecte attaché à la Commission des Monuments historiques, sauf abandon volontaire de sa part.

L'Inventaire des *Monuments diocésains*, c'est-à-dire de l'église cathédrale, du palais épiscopal et du grand séminaire, revient de droit à l'architecte diocésain. Celui des Musées et des Bibliothèques doit être fait par les conservateurs de ces établissements.

En dehors de ces trois catégories, tous les autres monuments peuvent être distribués entre les sociétés savantes ou entre les érudits spéciaux. Il vous sera facile, M. le Préfet, de procéder sur place à une juste répartition des travaux, et je garde l'assurance que vous saurez concilier les droits de chacun avec les intérêts de la publication.

Je vous prie de m'accuser réception de cette lettre et de me faire connaître aussitôt que possible les noms des membres de la Commission de l'Inventaire dans votre département, ainsi que la distribution des travaux, en y joignant, autant que possible, la date probable de leur achèvement.

Recevez, Monsieur le Préfet, l'assurance de ma considération très distinguée.

Le Ministre de l'Instruction publique, des Cultes
et des Beaux-Arts,

Signé : A. Bardoux.

Pour copie conforme :

Le Directeur des Beaux-Arts,

Ph. de Chennevières.

Questionnaire relatif aux Œuvres d'art existant dans les Musées et Édifices publics.

Envoyer trois exemplaires de la plus récente édition des catalogues existants. A défaut de catalogues imprimés, envoyer trois exemplaires des catalogues manuscrits.

Compléter les renseignements donnés dans les catalogues par les inventaires des objets conservés en magasin et par toutes notes manuscrites intéressant les collections.

Décrire chaque objet brièvement, mais complétement, de manière à ce que cet objet ne puisse être confondu avec un autre objet similaire. Donner les dimensions, la forme et la matière. Indiquer la provenance et donner, autant que possible, l'histoire de l'objet. Dire l'époque d'entrée dans le musée, par qui l'objet a été donné ou vendu. Fournir les nom et prénoms de l'artiste, les indications concernant les dates. Relever les dimensions des figures (nature, demi-nature, plus grandes que nature).

PEINTURES ET DESSINS.

Diviser les objets en quatre classes :
1° École française ;
2° Écoles d'Italie et d'Espagne ;
3° Écoles allemande, flamande, hollandaise ;
4° Écoles anglaise, suédoise et autres.

Indiquer, pour toutes les peintures, le procédé mis en œuvre, peinture à l'huile, en détrempe, à fresque, à la cire, etc.

Les estampes relevant de chacune de ces écoles devront être mentionnées :
1° A l'état de recueil ou d'œuvres de maîtres ;
2° A l'état isolé, quand elles présentent un intérêt spécial.

Diviser les objets en trois classes :
1° Sculptures antiques ;
2° Sculptures du moyen-âge et de la renaissance ;
3° Sculptures modernes.

OBJETS D'ART ET DE CURIOSITÉ.

Émaux, gemmes et joyaux, orfévrerie, etc. ; Faïences, terres émaillées, grès, porcelaines, etc. ; Verreries et vitraux, ivoires sculptés, petits bronzes, plaquettes, médailles, etc.; Bois sculptés, meubles d'art, etc. ; Broderies, dentelles, tapisseries, tissus précieux, etc. ; Miniatures.

Tout ce qui touche à l'archéologie ne doit trouver place dans l'inventaire que dans le cas où la question d'art est intéressée. Ainsi, les inscriptions ne doivent être mentionnées que si elles accompagnent des objets d'art. Une inscription tombale, par exemple, ne sera relevée que si elle est jointe à un relief ou à une représentation graphique.

Tous les détails bibliographiques intéressant les objets sont instamment demandés. Les indications des gravures ou lithographies, reproduisant les tableaux, dessins ou monuments de tous genres, sont également demandées.

Ordre à suivre dans la description des Objets d'Art contenus dans une Église.

Il importe, dans un recueil de renseignements, que les descriptions soient faites sur un seul plan et de façon à concorder entre elles. Rien n'est plus rare dans les descriptions d'église ; à force d'y revenir sur ses pas, on y arrive facilement au désordre et à une confusion assez grande pour qu'au delà de la moitié le lecteur ait grand'peine à savoir où il en est exactement. C'est ce qui se produit même quand on s'astreint à faire le tour de l'église, la seconde partie se trouvant ainsi absolument à l'inverse de la première.

Une autre difficulté se rencontre ; c'est la question de savoir ce qu'on doit appeler la gauche ou la droite dans une église. Au point de vue liturgique, il n'y a pas de doute. La droite et la gauche sont celles de l'officiant qui donne la bénédiction ; par conséquent,

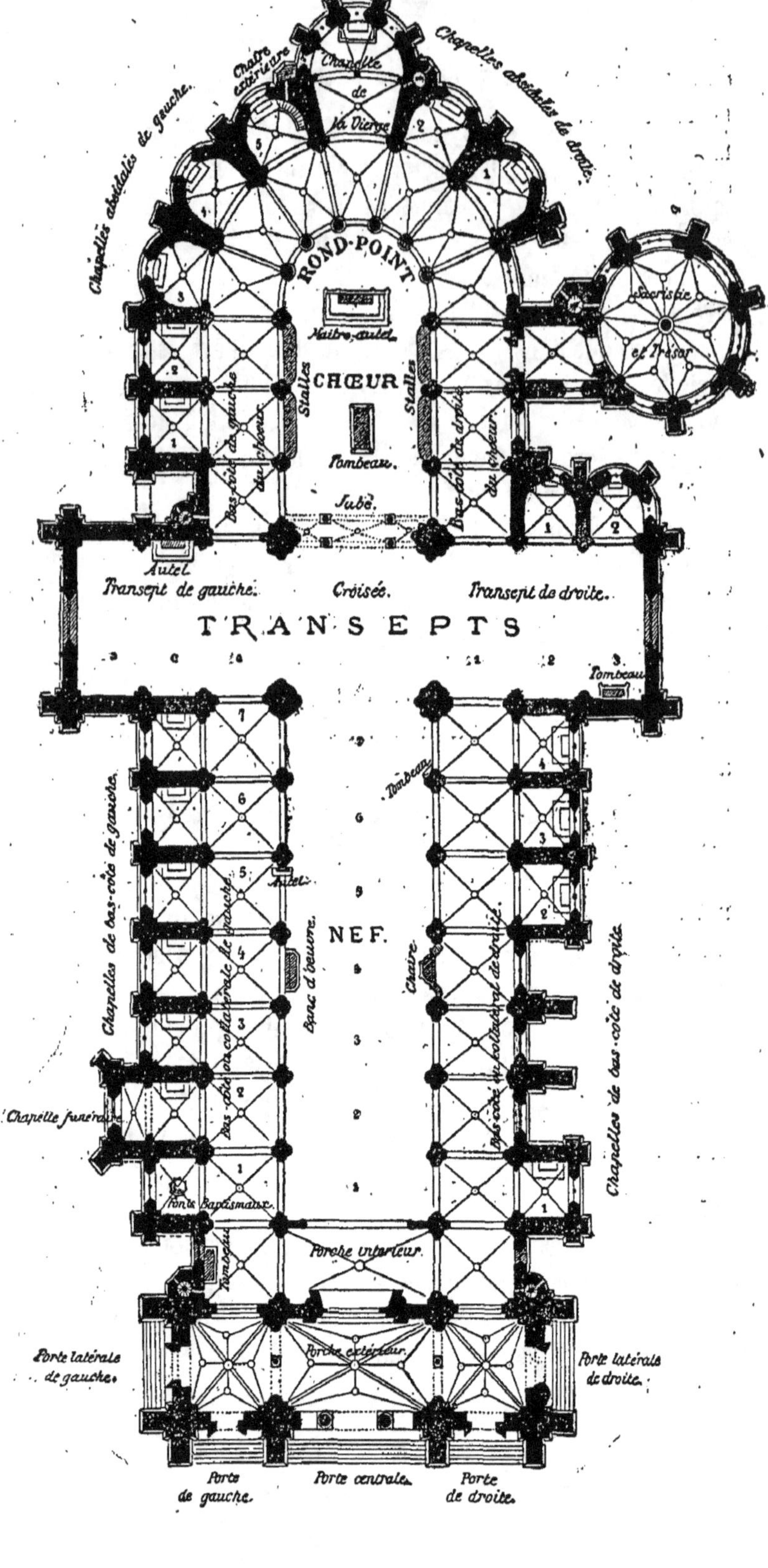

Chapelles absidales de gauche.
Chaire extérieure
Chapelle de la Vierge
Chapelles absidales de droite.
ROND-POINT
Maître-autel
CHŒUR
Stalles
Stalles
Tombeau
Bas-côté du chœur
Bas-côté du chœur
Jubé.
Autel
Sacristie et Trésor
Transept de gauche.
Croisée.
Transept de droite.
TRANSEPTS
Tombeau
Tombeau
Chapelles de bas-côté de gauche.
Chapelles de bas-côté de droite.
Bas-côté ou collatérale de gauche.
Bas-côté ou collatérale de droite.
Autel
NEF.
Chaire
Banc d'œuvre.
Chapelle funéraire.
Fonts Baptismaux.
Porche intérieur.
Porche extérieur.
Porte latérale de gauche.
Porte latérale de droite.
Porte de gauche.
Porte centrale.
Porte de droite.

dans une église orientée, la droite liturgique est le côté nord ou de l'Évangile, la gauche le côté sud ou de l'Épître. C'est exactement la même chose qu'en blason, où le côté dextre est la droite de celui qui porterait l'écu et la gauche de celui qui le regarde, — le côté sénestre la gauche de celui qui porterait l'écu et la droite de celui qui le regarde. Mais cette habitude, pour les églises, n'est nullement passée dans le public, qui se sert plus facilement de l'indication de sa propre droite et de sa propre gauche. C'est de cette façon qu'est faite la grande majorité des descriptions ; il a donc paru utile de s'y tenir pour ne pas choquer une habitude presque constante. Dans les églises orientées, l'ouest correspond à la façade, l'est au chevet, le nord et le sud aux deux côtés ; mais, comme beaucoup d'églises ne sont pas orientées, tout en indiquant si une église l'est bien ou mal, l'orientation ne peut pas être prise pour base de description. D'un autre côté, si les fonts sont habituellement au nord dans une église orientée et la chapelle des morts habituellement au sud, il y a aussi trop d'exceptions pour qu'on puisse trouver là un point de départ.

Il faut donc se tenir à la droite et à la gauche du visiteur, en admettant, indépendamment des hasards de l'entrée, qu'il parte toujours du pied de la nef ; pour les chapelles, il va de soi que leur droite et leur gauche sont celles de celui qui les regarde de face.

Ce point de départ admis, voici l'ordre dans lequel il faudra noter les œuvres d'art que peuvent présenter les diverses parties d'une église.

EXTÉRIEUR

Grande façade. Portail. Tours. Le porche extérieur, s'il y en a un. Côté gauche de la nef. Côté droit de la nef. Portail du transept gauche et du transept droit. Tour centrale. Côtés du chœur. Chevet de l'église.

INTÉRIEUR

On le divisera en ses trois parties consécutives : nef, transepts et chœur. Après avoir indiqué en quelques mots la forme et la distribution de l'Église, commencer la nef par le mur intérieur de la façade, la tribune et les orgues. Décrire ici le porche intérieur, s'il y en a un.

I. Nef

Nef centrale à partir du pied de la nef.

Les autels, statues ou tombeaux du côté gauche (celui du banc d'œuvre), puis du côté droit (celui de la chaire). On y comprendra ce qui, sur les piliers, se trouve dans les entre-colonnements et contribue à la décoration de la nef.

Les peintures supérieures.

Bas côtés de la nef. — Bas côté de gauche. Les œuvres contenues dans les allées du bas côté. Ensuite les chapelles, en commençant par le pied de la nef ; donner leur vocable si elles en ont un, mais dans tous les cas les numéroter de 1 à... et indiquer leur relation avec le chiffre de l'intercolonnement des piliers de la nef centrale, quand la suite des chapelles n'est pas complète. — Bas côté de droite ; les allées du bas côté de droite ; les chapelles, numérotées de 1 à...; commencer la description des chapelles par le côté de l'autel ; y comprendre les vitraux, qui se rapportent le plus souvent au patron.

II. Transept.

Le côté gauche ou du nord. Celui de droite ou du sud. Pour chacun commencer par le côté de la nef, continuer par le mur de la façade latérale, finir par le côté du chœur ; y comprendre les chapelles qui s'ouvrent dans le transept sans communiquer avec le chœur ou avec ses bas côtés.

La lanterne ou la coupole centrale.

III. Chœur

Sa fermeture entre les piliers de l'arc triomphal.

Grilles ; ambons (d'abord celui de gauche ou de l'Évangile, puis celui de droite ou de l'Épître) ; jubé avec ses autels.

Commencer la description du chœur lui-même par le maître-autel, qu'il soit au pied du chœur, à son chevet, ou qu'il soit avancé jusque dans le transept ou même dans les dernières arcades de la nef. En indiquer toujours l'exacte plantation.

Les stalles; le fond du chœur.

Sculptures ou peintures du tour extérieur du chœur. Celles de gauche, puis celles de droite, en partant du transept. Si les sujets forment une suite, la décrire dans l'ordre des sujets.

Bas côtés du chœur. — L'allée de celui de gauche ; les chapelles de gauche, numérotées de 1 à..., en partant du transept. L'allée du bas côté de droite ; les chapelles numérotées de 1 à..., toujours en partant du transept.

Terminer la description des chapelles du chœur par la chapelle centrale du chevet.

———

Les vitraux de la galerie et ceux des ouvertures supérieures de l'église devront être décrits en un chapitre à part et après les chapelles du chœur. D'abord la rose du portail, les vitraux de la nef à gauche, puis à droite, les roses des transepts, les vitraux de ceux-ci dans l'ordre des parties basses, puis ceux du chœur, toujours par la gauche d'abord, ensuite par la droite, et enfin le vitrail du centre du chevet. Numéroter les vitraux en indiquant leurs relations avec les entre-colonnements des arcades inférieures. S'il y a une suite chronologique dans l'ordre des sujets, suivre l'ordre qu'elle donne en indiquant soigneusement les relations de place avec les parties inférieures.

———

S'il y a une église souterraine ou une crypte, en faire la description séparément après celle de l'intérieur, et relativement dans le même ordre en allant du pied au chevet.

———

Dans les églises à deux nefs, commencer par la nef où se trouve le maître-autel.

———

Dans les églises circulaires, ou à pans coupés égaux, décrire d'abord la partie centrale, et ensuite le bas côté, en partant de la gauche de l'entrée et en y revenant par la droite; mais, s'il y a une ou plusieurs chapelles absidales, diviser le bas côté en bas côté gauche et en bas côté droit, avant d'en venir à ces chapelles.

Quant à la sacristie, en indiquer la place à l'endroit où l'on y accède; mais, si elle est importante et surtout si elle contient un Trésor, réserver les détails relatifs à la sacristie pour ne les décrire qu'après avoir entièrement épuisé la description de l'église dont elle romprait autrement la suite et l'ordonnance.

A plus forte raison, mettre à la fin les ouvrages d'art conservés dans les bâtiments extérieurs qui ne font pas partie intégrante de l'église (chapelles, évêchés, salles de chapitres, cloîtres, charniers, etc.). Les décrire en commençant par ceux de gauche à partir de la grande façade.

Dans le cas où des exceptions trop grandes se présenteraient, il pourrait y avoir lieu d'en aviser la Commission, qui donnerait sur ces points des solutions spéciales.

DEUXIÈME PARTIE

Composition de la Commission de l'Inventaire des Richesses d'Art au 1ᵉʳ Juillet 1881.

Cette Commission a été instituée par arrêté préfectoral du 2 septembre 1878, en exécution des instructions de M. le Ministre de l'Instruction publique et des Beaux-Arts, pour préparer l'Inventaire général de toutes les œuvres d'art, de quelque nature qu'elles soient, existant dans les monuments, édifices et établissements publics du département.

Elle est actuellement composée de la manière suivante :

MM. Le Préfet, président d'honneur ;

Le Secrétaire général de la Préfecture, président ;

Le Conservateur du Musée national de Versailles, vice-président ;

Le Chef de la 2e division de la Préfecture, secrétaire.

ARRONDISSEMENT DE VERSAILLES

MM. BERTRAND (Alexandre), conservateur du Musée national de Saint-Germain-en-Laye.

BERTRANDY-LACABANE, archiviste de Seine-et-Oise, à Versailles.

CHAMPFLEURY, chef des collections de la Manufacture nationale de Sèvres.

CLÉMENT DE RIS (le comte), conservateur du musée national de Versailles.

CORBLET (l'abbé), chanoine honoraire, directeur de la *Revue de l'art chrétien,* correspondant du Ministère de l'Instruction publique, à Versailles.

DELEROT (Emile), bibliothécaire de la ville de Versailles.

DURIEU, secrétaire général de la Préfecture, à Versailles.

DUSSIEUX, professeur d'histoire honoraire à Saint-Cyr, demeurant à Versailles.

DUTILLEUX (Adolphe), chef de division à la Préfecture, à Versailles.

GAILLON (le marquis de), maire de Gaillon.

GUILLAUME (Edmond), architecte du palais de Versailles.

MAINGUET, ancien adjoint au maire, conseiller général, à Versailles.

MEISSONIER (Ernest), peintre d'histoire, membre de l'Institut, à Poissy.

MERCIER, vérificateur des poids et mesures, à Versailles.

PETIT (Albert), architecte du département et de la ville de Versailles.

REINACH (Joseph), avocat, président du Comité des fêtes, à Saint-Germain.

SARDOU (Victorien), membre de l'Académie française, à Marly-le-Roi.

TOURNIER (Louis), artiste peintre, à Saint-Germain.

ARRONDISSEMENT DE CORBEIL.

MM. CACHEUX (l'abbé), curé de Boissy-Saint-Léger.

DECAUVILLE (Paul), maire d'Evry-sur-Seine.

DELAUNAY, avoué, à Corbeil.

DUFOUR, conservateur de la bibliothèque de Corbeil.

HARO, peintre expert de la ville de Paris, rue Bonaparte, 20.

LAROCHE, architecte de l'arrondissement, à Corbeil.

MARTIN, ancien adjoint au maire de Villeneuve-Saint-Georges.

ARRONDISSEMENT D'ÉTAMPES.

MM. BERCHÈRE (Narcisse), artiste peintre, rue de Laval, 20, à Paris.

DUFRESNE (Henry), lauréat de l'Institut, inspecteur général de l'Université, à Etampes.

LENOIR, président de la commission du Musée, à Etampes.

THIVIER, statuaire, demeurant à Bouville.

TULLAYE (de la), propriétaire, à Etampes.

ARRONDISSEMENT DE MANTES.

MM. DURAND (Alphonse), architecte du gouvernement, à Mantes.

GRAVE (Victor-Eugène), pharmacien, à Mantes.

ARRONDISSEMENT DE PONTOISE.

MM. BOULOGNE, architecte, à Gonesse.

DANSAERT, maire d'Ecouen.

DEPOIN (Joseph), secrétaire de la Société historique du Vexin, à Pontoise.

DOUBLE (Lucien), avocat, conseiller municipal, à Saint-Prix.

FRÈRE (Edouard), conseiller municipal, à Ecouen.

GALLET (l'abbé), chanoine de la cathédrale de Versailles, 16, rue Royale.

GIRARD, ancien notaire, ancien adjoint au maire de Montmorency.

GRIMOT (l'abbé), curé de l'Isle-Adam.

HAHN (Alexandre), membre de la Société d'anthropologie, etc., à Luzarches.

-HÉRARD, architecte, rue d'Assas, 6, à Paris.

LE CHARPENTIER (Henry), membre fondateur de la Société archéologique du Véxin, à Pontoise.

PEYRON, maire de Marines.

POUY (Ferdinand), correspondant du Ministère de l'Instruction publique, à Amiens et à Enghien-les-Bains.

SEGÉ, peintre, maire de Coubron.

SMITH, conseiller d'arrondissement, avenue Friedland, 36, à Paris.

TAVET (Camille), propriétaire, à Pontoise.

THÉMÉRICOURT (Le Bastier de), maire de Théméricourt.

VERNIER, architecte, à Beaumont-sur-Oise.

ARRONDISSEMENT DE RAMBOUILLET.

MM. COUBERTIN (de), artiste peintre, conseiller municipal, à Saint-Remy-lès-Chevreuse.

DION (de), secrétaire de la Société d'archéologie de Rambouillet, à Montfort-l'Amaury.

DREYFUS (Ferdinand), député, conseiller général, à Montlieu, près de Rambouillet.

FALGUIÈRES, sculpteur, rue d'Assas, 68, à Paris.

GUYOT (Joseph), propriétaire du château de Dourdan.

JOLY, architecte du château, à Rambouillet.

LE CHENETIER (l'abbé), aumônier de l'Ecole de Grignon.

MARÉCHAL, curé de Montfort-l'Amaury.

POUPINEL (Jules), conseiller général, ancien maire de Saint-Arnoult.

SIMONARD, membre de la Société Archéologique de Rambouillet, percepteur, à Rambouillet.

TRÉPAGNE, maire de Forges-les-Bains.

TROISIÈME PARTIE.

Procès-Verbaux des Séances de la Commission
(26 Septembre 1878 — 21 Avril 1881).

1ʳᵉ SÉANCE — 26 SEPTEMBRE 1878.

PRÉSIDENCE DE M. SAINT-PAUL

Secrétaire général de la Préfecture.

La Commission nommée par arrêté du Préfet de Seine-et-Oise, en date du 2 septembre 1878, à l'effet de répartir et de centraliser les travaux relatifs à la préparation de l'Inventaire général des richesses d'art que renferme le département, s'est réunie le jeudi 26 septembre 1878, à la Préfecture, sous la présidence de M. Saint-Paul, Secrétaire général.

Étaient présents :

MM.

Le Cte Clément de Ris, conservateur du Musée national de Versailles ;

Mainguet, premier adjoint au maire de Versailles, membre du Conseil général ;

Alexandre Bertrand, conservateur du Musée des Antiquités nationales de Saint-Germain ;

Hahn, membre de la Société d'anthropologie et de plusieurs Sociétés savantes, à Luzarches ;

Hérard, architecte, attaché à la Commission des monuments historiques, à Paris ;

Thomas (Léon-Adrien), ancien notaire, l'un des fondateurs de la Société archéologique du Vexin français, demeurant à Pontoise ;

Minoret, ancien maire de Draveil, archéologue ;

Berchère, artiste peintre, médaillé aux Expositions de Paris ;

Le Charpentier, à Pontoise ;

Lenoir, président de la Commission municipale du Musée d'Etampes ;

Dufresne, lauréat de l'Institut, inspecteur général ;

Grave, pharmacien à Mantes, archéologue ;

de Dion, secrétaire de la Société d'archéologie de Rambouillet ;

Bellet, membre de la Société d'archéologie de Rambouillet ;

Et Dutilleux, chef de division à la Préfecture, secrétaire.

S'étaient excusés de ne pouvoir assister à la première séance :

MM.

Delerot, conservateur de la Bibliothèque communale de Versailles ;

Reinach, avocat à la Cour d'appel de Paris, président du Comité des fêtes de Saint-Germain ;

Tournier, artiste peintre à Saint-Germain ;

Delaunay, avoué à Corbeil, archéologue ;

Alphonse Durand, architecte du Gouvernement, chargé de la restauration de la Collégiale de Mantes ;

Et Haro, peintre expert de la ville de Paris, propriétaire à Corbeil.

MM. Charles Blanc, membre de l'Institut, professeur d'esthétique au collège de France ; Pierre Deschamps, bibliographe et archéologue ; et Moutié, président de la Société archéologique de Rambouillet, ont fait connaître par lettres que leurs occupations ou leur état de santé ne leur permettaient pas de faire partie de la Commission.

M. le Secrétaire général remercie les membres de la Commission du Concours qu'ils veulent bien prêter à une œuvre importante et délicate ; il fait connaître l'objet et le but des travaux de la Commission ; puis il donne lecture du rapport de M. de Chennevières, alors directeur des Beaux-Arts, à M. le Ministre de l'Instruction publique et des Beaux-Arts, en date du 15 mai 1874, ainsi que des circulaires ministérielles des 14 août 1876 et 9 février 1878.

Il procède ensuite à l'appel des membres présents et déclare la Commission installée dans ses fonctions.

M. Dufresne dit que l'on doit remercier M. le Ministre de l'Instruction publique de la grande et noble pensée qu'il a eue en prescrivant de dresser l'Inventaire général des richesses artistiques de la France ; mais il y aurait encore à prendre une autre mesure importante : ce serait d'assurer pour l'avenir, la préservation et la conservation de ces richesses.

M. le Secrétaire général répond que tel n'est point en ce moment l'objet en vue duquel la Commission est réunie ; mais qu'elle pourra émettre un vœu dans ce sens, quand elle aura terminé ses travaux.

Sur sa proposition, la Commission décide qu'elle s'adjoindra des auxiliaires dans chacun des cantons et des localités où elle le jugera utile ; ces auxiliaires seront proposés par les membres de la Commission à l'agrément de l'administration du département.

M. Clément de Ris fait connaître que la Commission supérieure établie auprès du Ministère, et dont il fait partie, est déjà en possession d'un grand nombre de documents manuscrits qui concernent les points les plus divers du territoire ; un certain nombre de ces documents ont été adressés par les autorités épiscopales : aussi serait-il bon de savoir ce que Mgr l'Evêque de Versailles a déjà fait dans ce sens en ce qui concerne son diocèse, afin d'éviter les doubles emplois ; et par conséquent un travail inutile. M. le Secrétaire général dit qu'il écrira à Mgr l'Evêque de Versailles dans le sens de la proposition qui précède.

Après une discussion à laquelle prennent part un certain nombre de membres, il est formellement entendu que, conformément d'ailleurs aux instructions ministérielles, la Commission n'aura pas à s'occuper dans son travail de recensement et d'inventaire des objets et œuvres d'art existant dans ;

1° Les *Monuments historiques classés* (la liste en sera jointe au présent procès-verbal), dont l'inventaire est réservé aux architectes attachés à la Commission des monuments historiques ;

2° Les *Édifices diocésains*, c'est-à-dire l'église cathédrale, le palais épiscopal et le grand séminaire, qui reviennent de droit à l'architecte diocésain ;

3° Les *Musées* et les *Bibliothèques* dont l'inventaire doit être fait par les conservateurs de ces établissements.

En dehors de ces trois catégories, tous les autres monuments, édifices et établissements publics doivent être très exactement inventoriés. Il est bien entendu que tout ce qui est propriété particulière et collection privée reste en dehors des attributions de la Commission.

M. Mainguet demande si la Commission n'a pas au moins un droit de contrôle et de vérification sur les objets compris dans les exceptions prévues plus haut.

Il est répondu que cette faculté ne pourrait évidemment s'exercer qu'avec le consentement des autorités ou des personnes en faveur desquelles M. le Ministre a établi les réserves dont il vient d'être parlé.

M. Hérard fait connaître que dans le département de l'Oise les Sociétés archéologiques ont été associées avec avantage aux opérations de la Commission départementale, et il propose qu'il en soit de même dans Seine-et-Oise ; il demande également s'il n'y aurait pas lieu de mettre quelques fonds à la disposition de la Commission dans le cas où elle aurait à faire certaines dépenses occasionnées par ses recherches et ses investigations.

M. le Secrétaire général répond qu'il n'y a pas de crédit spécial ouvert à cet effet au budget du département ; mais que, très probablement, s'il était nécessaire, ces dépenses qui devront, d'ailleurs, être peu importantes, seraient acceptées par les communes ou les fabriques, puisque ces dépenses seraient faites à leur profit et dans l'intérêt de la conservation de leurs richesses mobilières.

Sur la demande de la Commission, M. le Secrétaire général dit que MM. les Sous-Préfets et Maires du département seront, par la voie du *Recueil*, avisés de la constitution de la Commission ;

que les membres de cette Commission et les auxiliaires qui lui seront adjoints seront ainsi accrédités auprès des autorités municipales et ecclésiastiques, et que les instituteurs et les agents du service vicinal seront invités à leur prêter un concours qui sera vraisemblablement fort utile et très apprécié.

M. Minoret démande si la Commission supérieure ne pourrait pas dresser un questionnaire plus complet et plus détaillé que celui qui a été transmis par M. le Ministre ; la Commission estime que le questionnaire actuel est suffisant et la proposition de M. Minoret n'a point d'autre suite.

Avant de se séparer, la Commission décide qu'elle se réunira de nouveau dans la première quinzaine de décembre et que chacun de ses membres apportera à cette deuxième séance le résultat de ses premières études, ainsi que les observations auxquelles pourra donner lieu la mise en œuvre de ses opérations.

La séance est levée à 3 h. 1/2.

<table>
<tr><td>Le Secrétaire,</td><td>Le Président,</td></tr>
<tr><td>Signé : A. DUTILLEUX.</td><td>Signé : SAINT-PAUL.</td></tr>
</table>

Liste des Monuments historiques classés dans le département de Seine-et-Oise.

Athis-Mons. — Eglise (clocher).

Beaumont-sur-Oise. — Eglise.

Belloy. — Eglise.

Bougival. — Eglise.

Carrières-Saint-Denis. — Retable, dans l'Eglise.

Champagne. — Eglise.

Champmotteux. — Tombeau du chancelier de l'Hôpital, dans l'Eglise.

Corbeil. — Eglise Saint-Spire.

Deuil. — Eglise.

Ecouen. — Château. — Eglise.

Etampes. — Eglise Notre-Dame. — Eglise Saint-Bazile. — Tour Guinette.

Gassicourt. — Eglise.

Gonesse. — Eglise.

Hardricourt. — Eglise (clocher).

Houdan. — Eglise.

Juziers. — Eglise.

La Ferté-Alais. — Eglise.

La Queue-en-Brie. — Tour de l'ancien château.

La Roche-Guyon. — Ruines du vieux château. P. partie.

Limay. — Eglise (clocher).

Longpont. — Restes de l'Eglise de l'ancienne abbaye.

Louvres. — Hôtel de ville.

Luzarches. — Eglise (clocher).

Magny-les-Hameaux. — Tombes de l'ancienne abbaye de Port-Royal-des-Champs.

Maisons-sur-Seine. — Château. — Moulin.

Mantes. — Eglise. — Fontaine.

Mareil-en-France. — Eglise.

Mareil-Marly. — Eglise.

Marly. — Abreuvoir.

Montfort-l'Amaury. — Eglise. — Porte du cimetière et ancien cloître. — Ruines du château.

Montlhéry. — Restes de l'ancien château.

Montmorency. — Eglise.

Morigny. — Restes de l'ancienne abbaye.

Nesles. — Eglise.

Poissy. — Eglise.

Pontoise. — Église Saint-Maclou.

Presles. — Pierre Turquaise dans la forêt de Carnelle.

Richebourg. — Eglise.

Royaumont (commune d'Asnières-sur-Oise). — Abbaye. P. partie.

Rueil. — Eglise.

Saint-Germain-en-Laye. — Château vieux et restes du château neuf. — Grotte du pavillon Henry IV.

Saint-Ouen-l'Aumône. — Ruines de l'abbaye de Maubuisson.

Saint-Sulpice-de-Favières. — Eglise.

Taverny. — Eglise.

Thiverval. — Eglise.

Triel. — Eglise.

Vernouillet. — Eglise.

Versailles. — Château et dépendances.

Vétheuil. — Eglise.

2ᵉ SÉANCE. — 16 JANVIER 1879

PRÉSIDENCE DE M. GAUWAIN
Secrétaire général de la Préfecture.

La Commission nommée par arrêté du Préfet de Seine-et-Oise, en date du 2 septembre 1878, à l'effet de répartir et centraliser les travaux relatifs à la préparation de l'Inventaire général des richesses d'art que renferme le département, s'est réunie le jeudi 16 janvier 1879, à la préfecture, sous la présidence de M. Gauwain, secrétaire général.

Etaient présents :

MM. Bellet, Bertrand, Clément de Ris, de Dion, Delaunay, Dufresne, Alph. Durand, Grave, Hahn, Haro, Hérard, Le Charpentier, Minoret, Reinach, Tournier et Dutilleux, secrétaire.

Le procès-verbal de la précédente séance est lu et adopté.

S'excusent par lettre de ne pouvoir assister à la séance :

MM. Mainguet, Lenoir et Thomas.

La Commission, après avoir entendu lecture de la lettre de ce dernier, décide qu'il n'y a pas lieu d'accepter sa démission motivée par son état de santé ; elle se plaît à espérer que cette situation n'est que passagère, et que M. Thomas se trouvera bientôt en état de prêter aux travaux de la Commission l'utile concours qu'elle attend de lui.

A l'occasion de la lecture du procès-verbal, quelques membres demandent, d'une part, si M. le Ministre de l'Instruction publique a bien voulu faire parvenir, ainsi qu'on le lui avait demandé, quelques exemplaires du premier volume de l'Inventaire des richesses d'art ; et si, d'autre part, Mgr l'évêque de Versailles a fait connaître les édifices religieux dont les ecclésiastiques du diocèse se chargent de faire l'inventaire.

M. le Secrétaire général ayant fait connaître que M. le Préfet n'a reçu de réponse ni à l'une ni à l'autre de ces deux communications, la Commission le prie d'écrire de nouveau au ministère et à l'évêché relativement à ces affaires.

MM. Hahn et Le Charpentier, pour l'arrondissement de Pontoise,

MM. Haro et Minoret, pour l'arrondissement de Corbeil,

MM. de Dion et Bellet, pour l'arrondissement de Rambouillet,

Et M. Grave, pour l'arrondissement de Mantes,

Proposent, en qualité de membres auxiliaires de la Commission; un certain nombre de personnes dont la désignation sera soumise à l'agrément de l'administration supérieure.

A ce sujet, la Commission demande si, afin d'accréditer auprès des maires, des curés, des différents fonctionnaires, les personnes officiellement chargées de dresser l'inventaire des richesses d'art et d'éviter ainsi des difficultés ou des hésitations possibles, il ne serait pas utile que l'Administration délivrât à chaque membre de la Commission, ainsi qu'aux auxiliaires, une carte nominative leur facilitant l'accès des établissements et édifices publics de la circonscription.

M. Clément de Ris fait connaître que M. le Ministre de l'Instruction publique a fait délivrer une carte de cette nature à MM. les membres de la Commission supérieure.

La Commission décide que la proposition dont il s'agit sera transmise à M. le Préfet, pour qu'il veuille bien, s'il le juge convenable, la soumettre à la sanction de M. le Ministre.

M. Clément de Ris donne quelques détails sur le rapport officiel présenté lors de la réunion des sociétés savantes, à la Sorbonne, le 28 avril dernier, par M. Darcel, sur l'état d'avancement de l'Inventaire général des richesses d'art.

Le même membre insiste sur la nécessité, pour la Commission, de s'occuper surtout et pour ainsi dire exclusivement, de dresser le catalogue ou l'inventaire des *objets artistiques*, laissant d'ailleurs entièrement de côté les questions et les faits *archéologiques*, ou, du moins, ne les indiquant que d'une façon tout à fait sommaire.

Un membre ayant parlé, à ce sujet, des monuments mégalithi-

ques, M. Clément de Ris dit qu'il estime qu'on peut, à la vérité.
les mentionner et indiquer sommairement leur situation, mais
sans entrer dans aucun détail, ces monuments n'offrant qu'un intérêt purement historique ou archéologique. Il désirerait, d'ailleurs, pour mieux faire comprendre sa pensée à cet égard, que la
Commission eût sous les yeux quelques-uns des *Répertoires
archéologiques*, déjà publiés sous les auspices du Ministère de
l'Instruction publique; il demande, et sa motion est adoptée par
la Commission, que l'on sollicite de M. le Ministre l'envoi de
quelques-uns de ces répertoires, dont l'examen comparé aux volumes déjà publiés de l'Inventaire des richesses d'art fera aper-
cevoir d'une manière très nette la différence qui sépare les beaux-
arts de l'archéologie.

Le même membre insiste de nouveau sur cette pensée qu'il a
déjà exprimé dans la première séance, que les collections privées
échappent à l'action de la Commission et que celle-ci n'a à s'oc-
per que d'inventorier les œuvres d'art existant dans les établissements ayant le caractère d'une propriété nationale ou publique.

Quelques membres demandent la parole au sujet de la liste des
monuments historiques qui a été communiquée à chacun des membres de la Commission; l'église Saint-Spire, de Corbeil, bien
que portée sur cette liste, ne serait cependant pas classée. La
tour de l'ancien château de la Queue-en-Brie serait aujourd'hui
entièrement détruite. L'ancien hôtel-de-ville de Louvres n'existe-
rait plus, contrairement aux indications de la liste.

La Commission pense qu'il serait utile que des observations en
ce sens fussent transmises à M. le Ministre.

M. Dufresne fait connaître qu'il existe à Etampes deux maisons
intéressantes et de construction relativement ancienne, désignées
sous le nom de *Maison de Diane de Poitiers* et *Maison
d'Anne de Pisseleu*.

La dernière de ces deux constructions offre surtout un véritable
intérêt en raison des sculptures qui la décorent; afin de la pré-
server d'une destruction plus ou moins prochaine, il serait expé-
dient que la municipalité en fit l'acquisition pour la relier à son
hôtel-de-ville.

La Commission formule un vœu dans ce sens et prie M. le Préfet de le transmettre à M. le Maire d'Etampes.

M. Grave présente le catalogue de la Bibliothèque de Mantes, qui renferme un certain nombre d'autographes de personnages considérables, depuis le xv⁰ siècle jusqu'à l'époque actuelle, et qui possède en outre un tableau représentant l'état des travaux du pont de Mantes, en 1765 ; cette peinture, que ne recommande d'ailleurs aucun mérite artistique, n'a de valeur qu'au point de vue de l'histoire locale.

M. Tournier lit une notice sur le résultat de ses premières recherches dans la ville de Saint-Germain, et en particulier sur l'hôpital de cette ville, dont la pharmacie renferme environ deux cents vases de formes et de grandeurs différentes, en faïence, vieux Rouen bleu, ornés de fleurs de lys.

Il mentionne également un beau Christ en ivoire du xviiie siècle, et une statue de la Vierge du xiiie siècle, tous deux conservés dans l'église de Saint-Germain ; il dit également quelques mots des richesses d'art déposées dans le musée municipal et dans la bibliothèque de la ville de Saint-Germain, objets dont M. Bunout, bibliothécaire de la ville, se charge de dresser l'inventaire.

La Commission remercie MM. Grave et Tournier de ces intéressantes communications ; elle demande que, pour assurer la conservation des faïences appartenant à l'hospice de Saint-Germain, M. le Préfet veuille bien écrire au maire pour l'inviter à appeler l'attention de la commission des hospices sur la valeur de ces vases, et, en outre, pour le prier d'examiner si dans le nouvel hospice que la ville fait actuellement construire, il ne serait pas possible de réserver une petite salle ou un cabinet où ces vases seraient rangés, de manière à les soustraire aux causes de détérioration et de perte, qui ne manqueraient pas de les atteindre si on continuait à s'en servir pour l'usage journalier et ordinaire de la maison.

L'ordre du jour étant épuisé, la séance est levée à quatre heures.

<table>
<tr><td>Le Secrétaire,</td><td>Le Président,</td></tr>
<tr><td>Signé : A. Dutilleux.</td><td>Signé : P. Gauwain.</td></tr>
</table>

3ᵉ SÉANCE. — 3 AVRIL 1879.

PRÉSIDENCE DE M. P. GAUWAIN
Secrétaire général de la Préfecture.

La séance est ouverte à deux heures.

Etaient présents :

MM. Gauwain, Secrétaire général, président, Clément de Ris, Mainguet, Minoret, Lenoir, Bellet, Tournier, Hahn, Le Charpentier, de Dion, Dufresne et Dutilleux, secrétaire.

Les membres absents se sont fait excuser verbalement ou par lettre.

Le secrétaire donne lecture du procès-verbal de la dernière séance, qui est adopté.

M. LE PRÉSIDENT communique à la Commission : 1° une dépêche de M. le Ministre de l'Instruction publique et des Beaux-Arts répondant aux diverses questions qui lui avaient été posées au nom de la Commission.

2° Une lettre de Mgr l'Evêque de Versailles relative à la participation du clergé dans la préparation de l'Inventaire des Richesses d'art.

3° Une lettre de M. le Maire d'Etampes concernant l'affectation à un Musée local de deux maisons anciennes existant encore en cette ville.

4° Une lettre de M. le Maire de Saint-Germain s'engageant à conserver avec le plus grand soin les vases en faïence ancienne déposés dans l'officine de l'hôpital de cette ville.

La Commission exprime le désir que l'affaire relative au Musée local d'Etampes soit attentivement suivie ; elle charge de ce soin les membres de la Commission qui représentent cet arrondissement.

M. MAINGUET fait connaître que l'hôpital de Versailles conserve quelques vases analogues à ceux de l'hospice de Saint-Germain.

— La Commission le prie de veiller à ce que ces vases soient mis à l'abri de toute cause de destruction.

M. CLÉMENT DE RIS fait remarquer que les Archives de Seine-et-Oise renferment une collection assez importante de gravures anciennes et de livres à figures. — M. le président de la Commission en fera dresser l'inventaire par M. l'Archiviste du département et le soumettra à la Commission.

Les membres des divers arrondissements présentent une nouvelle liste de membres auxiliaires qui sera soumise à l'agrément de M. le Préfet.

Une proposition présentée par lettre par M. Durand, et demandant que la Commission se réunisse à Paris n'est pas prise en considération.

M. DUFRESNE voudrait qu'une loi intervînt pour empêcher les fabriques d'aliéner les objets d'art qu'elles possèdent.

M. CLÉMENT DE RIS répond qu'une loi n'est point nécessaire puisque les fabriques ne peuvent rien aliéner sans la permission de l'autorité supérieure ; il pense qu'il y aurait lieu de se borner à rappeler aux conseils de fabrique cette obligation, dont l'exécution complète donnerait satisfaction aux désirs exprimés avec tant de raison par M. Dufresne.

Ce dernier ira voir Mgr l'Evêque de Versailles pour se concerter avec lui à ce sujet.

M. TOURNIER dépose sur le bureau le catalogue des objets d'art que possèdent la bibliothèque et le musée communal de Saint-Germain ; il donne lecture d'une notice complémentaire du travail qu'il a lu à la séance précédente relativement aux œuvres d'art que renferment les établissements publics de Saint-Germain-en-Laye.

M. LENOIR lit un travail sur des peintures murales existant encore, mais en assez mauvais état, au palais de justice d'Etampes. Il donne ensuite verbalement quelques détails sur des sculptures très intéressantes et des pierres tombales dans l'église Saint-Gilles d'Etampes.

M. DUFRESNE fait connaître que l'église N.-D. d'Etampes renferme quelques peintures du XIVe siècle qu'il serait très important de conserver ; il promet de placer sous les yeux de la Commission un relevé de ces peintures et de celles que M. Lenoir a signalées.

La Commission exprime le vœu que la conservation de ces intéressantes peintures soit l'objet de soins tout particuliers.

M. Le Charpentier fait connaître qu'en 1776 une confrérie qui existait alors dans l'église de Saint-Maclou de Pontoise a réussi, par son intervention énergique auprès du curé, à sauver de belles peintures sur verre que l'on voulait détruire pour donner plus de clarté dans l'intérieur de l'édifice.

Rien ne se trouvant plus à l'ordre du jour, la séance est levée à quatre heures et demie.

<table>
<tr><td>Le Secrétaire,</td><td>Le Président,</td></tr>
<tr><td>Signé : A. DUTILLEUX.</td><td>Signé : P. GAUWAIN.</td></tr>
</table>

4ᵉ SÉANCE. — 30 OCTOBRE 1879.

PRÉSIDENCE DE M. R. MILLET

Secrétaire général de la préfecture.

Etaient présents :

MM. Bertrand, Clément de Ris, Delerot, Delaunay, Martin, Grave, Bellet, de Dion, Dreyfus, Lenoir, Le Chenetier et Dutilleux, secrétaire.

MM. Thivier, Hérard, de Théméricourt, Dufresne, Mainguet, J. Guyot, Cottin, Hahn, L. Thomas et Pouy.
S'excusent par lettre de ne pouvoir assister à la séance.

Le secrétaire donne lecture du procès-verbal de la dernière séance ; il est adopté sans observations.

M. LE PRÉSIDENT lit les lettres d'excuse dont l'énoncé précède et communique à la Commission une lettre par laquelle Mgr l'Evêque de Versailles fait connaître que plusieurs ecclésiastiques du diocèse ont déjà dressé l'inventaire des Richesses d'art que renferment leurs églises. — La Commission décide que, conformément d'ailleurs à la proposition de Mgr Goux, il sera demandé communication de ces inventaires, afin d'aider à l'œuvre individuelle de chacun de ses membres.

M. LE PRÉSIDENT expose qu'en vue de rendre plus prompte et plus facile l'œuvre considérable dont la Commission est chargée, il conviendrait peut-être de la répartir d'une manière moins lourde pour chacun de ses membres, d'une part, en augmentant le nombre des collaborateurs et, d'autre part, en assignant à chacun une circonscription parfaitement déterminée.

Après une discussion approfondie à laquelle prennent part M. le Président et MM. Delerot, Clément de Ris, Dreyfus, Bertrand, etc., la Commission arrête les dispositions suivantes :

1° Le nombre des membres soit titulaires, soit auxiliaires, sera augmenté, autant que possible, dans la proportion du nombre des cantons du département, et l'on fera appel aux personnes dont la profession, les études ou la situation permettront d'espérer un concours sérieux et efficace.

Quelques membres désignent dès à présent à cet effet, MM. Champfleury, conservateur des collections d'art à la manufacture de Sèvres; M. le marquis de Gaillon, maire de Gaillon; M. Réaux, à Mareil-sur-Mauldre; on écrira également à M. Cocheris, membre du Conseil général, pour lui demander s'il ne pourrait indiquer quelqu'un pour le canton de Longjumeau, la Commission n'espérant pas que les nombreuses occupations de M. Cocheris lui permettent de s'occuper lui-même de préparer l'inventaire de ce canton.

On indique encore M. Trocmé, à Arpajon; M. Trépagne, maire de Forges, pour le canton de Limours; MM. Delaplanche et Falguières, pour le canton de Dourdan; M. Chatrian, pour le canton de Gonesse.

2° Les membres de la Commission se constitueront en comités particuliers dans leur arrondissement respectif; ces comités relèveront, bine entendu, de la Commission centrale; ils seront, pour la première fois, réunis au chef-lieu de l'arrondissement par MM. les Sous-Préfets; ils nommeront eux-mêmes leur président et leur secrétaire, et fixeront le lieu et la date de leurs réunions. La Commission désire que ces réunions soient périodiques et aient lieu tous les mois, par exemple : Le procès-verbal de chaque réunion sera envoyé à la Commission centrale qui se réunira trimestriellement à Versailles et donnera ainsi à ses travaux un caractère de périodicité qui leur fait actuellement défaut.

Des instructions en ce sens seront adressées à MM. les Sous-Préfets pour qu'ils en avertissent les membres résidant dans leur arrondissement et qu'ils préparent la séance dans laquelle ces comités devront se constituer.

Il sera bon que lors de cette première séance les membres de ces comités se répartissent entre eux les divers cantons de leur arrondissement afin que, dès le printemps prochain, le travail puisse commencer sur tous les points du département avec ordre, régularité et promptitude.

La Commission décide d'ailleurs qu'à l'avenir les membres auxiliaires seront convoqués, comme les titulaires, aux séances de la Commission centrale.

M. le Président communique à la Commission diverses notices, les unes manuscrites, les autres imprimées, qui ont été adressées par quelques-uns des membres de la Commission qui n'ont pu assister à la séance, savoir :

Par M. l'abbé Grimot, curé de l'Isle-Adam, notice sur la pierre turquoise, et notice sur l'église de l'Isle-Adam ;

Par M. Tavet, notice sur la commune de Moussy, canton de Marines ;

Par M. l'abbé Cacheux, notice sur les églises de Boissy-Saint-Léger et des communes voisines ;

Par M. A. Dufour, notice sur l'église de Saint-Jean-en-l'Isle (*ancienne commanderie*) à Corbeil ;

Par M. Girard, notice sur l'église Saint-Martin de Montmorency ;

Par M. de la Tullaye, notes sur l'église d'Ormoy, l'Hôtel-Dieu d'Etampes, et l'église de Méréville.

M. Grave présente à la Commission 3 notices qu'il a rédigées sur les églises de Vétheuil, Gassicourt et Limay ; il donne lecture des deux premières dont la Commission approuve la rédaction moyennant quelques petites retouches ; il lira dans la prochaine séance, la notice sur Limay.

M. l'abbé Le Chenetier dépose sur le bureau une notice imprimée sur les vitraux de l'église de Montfort-l'Amaury et un inventaire manuscrit des églises de Feucherolles, Chavenay, Beynes, Crespières et Davron.

M. F. Martin remet également une notice sur l'église de Crosne.

L'heure avancée ne permet pas à ces deux derniers membres de donner lecture de leur travail ; celle-ci est renvoyée à la prochaine séance qui aura lieu le samedi le plus rapproché du 15 janvier.

La séance est levée à cinq heures.

Le Secrétaire,

Signé : A. Dutilleux.

Le Président,

Signé : R. Millet.

5ᵉ SÉANCE. — 17 JANVIER 1880.

PRÉSIDENCE DE M. RENÉ MILLET

Secrétaire général de la Préfecture.

Etaient présents :

MM. Clément de Ris, Delerot, Mainguet, Haro, Bellet, Segé, Bertrandy-Lacabane, Verdier, Trépagne, marquis de Gaillon et Dutilleux, secrétaire.

Le Secrétaire donne lecture du procès-verbal de la dernière séance dont la rédaction est approuvée.

Il donne également lecture des arrêtés des 20 novembre, 16 décembre 1879 et 5 janvier 1880 par lesquels MM. Bertrandy-Lacabane, Champfleury, marquis de Gaillon, Trocmé, Segé, Smith, Falguières et Trépagne sont nommés membres de la Commission.

S'excusent par lettre ou par dépêche de ne pouvoir assister à la séance :

MM. Champfleury, Dreyfus, Hérard, Pouy, Hahn, Berchère, de Dion, Trocmé, Tavet et Girard.

M. LE PRÉSIDENT fait connaître que MM. L. Thomas, de Pontoise et Souty, à Dampierre, ont envoyé leur démission de membre de la Commission, fondée, pour le premier sur l'état de sa santé, et pour le second sur ses nombreuses occupations.

La Commission prie M. le Préfet de vouloir bien transmettre à MM. Thomas et Souty les regrets que lui cause cette détermination.

Le secrétaire donne lecture des procès-verbaux des réunions tenues par les Comités d'arrondissement institués en vertu de la décision prise par la Commission centrale dans sa séance du 30 octobre dernier.

Dans l'arrondissement de Corbeil, M. Delaunay a été nommé président et M. Dufour, secrétaire du Comité.

Ce Comité a décidé que les quatre cantons seraient divisés entre les membres de la manière suivante : MM. l'abbé Cacheux et Martin sont chargés du canton de Boissy ; celui de Longjumeau sera exploré par M. Delaunay, celui d'Arpajon par M. Trocmé ; le canton de Corbeil sera confié à MM. Laroche et Dufour.

Dans l'arrondissement d'Etampes, le Comité a nommé MM. Dufresne, président et Lenoir, secrétaire, et il a fixé ainsi qu'il suit la répartition des cantons entre les membres du Comité :

Canton d'Etampes, MM. de la Tullaye, Berchère, Dufresne et Lenoir. — Canton de La Ferté-Alais, M. Thivier. — Canton de Méréville, MM. Dufresne et de la Tullaye ; canton de Milly, M. Berchère.

Arrondissement de Pontoise. — M. Berniquet, Sous-Préfet, est nommé Président et M. Le Charpentier, secrétaire.

Le Comité a divisé ainsi qu'il suit le travail de chacun de ses membres :

Canton de Pontoise : M. Le Charpentier s'occuperait de la ville et du canton de Pontoise concurremment avec le collègue qui lui serait adjoint en remplacement de M. Thomas, démissionnaire ; — canton de l'Isle-Adam : MM. Grimot et Vernier ; — canton d'Ecouen : M. Cottin ; — canton de Luzarches : M. Hahn ; — canton de Marines : MM. Le Bastier de Théméricourt, Tavet et Peyron ; — canton de Montmorency : MM. Girard et Pouy ; — canton de Gonesse : MM. Smith et Segé, ce dernier en remplacement de M. Chatrian qui n'a pu accepter de faire partie de la Commission des Richesses d'art.

Arrondissement de Rambouillet : M. Le Maillier, sous-préfet, est nommé président et M. Bellet, secrétaire.

Les cantons de l'arrondissement sont ainsi divisés : Rambouillet, MM. Dreyfus et Bellet ; — Dourdan (Nord et Sud) : Guyot et Falguières ; — Limours : MM. Dreyfus et Trépagne ; — Chevreuse : M. l'abbé Le Chenetier et la personne qui remplacera M. Souty, démissionnaire ; — canton de Montfort-l'Amaury : MM. de Dion et l'abbé Le Chenetier.

Pour l'arrondissement de Mantes : MM. Grave et Durand comptent .mener seuls à bonne fin le travail qui les concerne. ·

Enfin, pour l'arrondissement de Versailles, la répartition est faite de la manière suivante :

Canton d'Argenteuil : M. Reinach.

Canton de Marly-le-Roi : M. Tournier.

Canton de Meulan : M. le marquis de Gaillon.

Canton de Palaiseau : M. Cocheris (s'il accepte).

Canton de Poissy : MM. Bertrand.

Canton de Saint-Germain : MM. Bertrand, Reinach et Tournier.

Canton de Sèvres : M. Champfleury.

Cantons et ville de Versailles : MM. Bertrandy, Clément de Ris, Delerot, Dussieux et Mainguet.

Plusieurs membres proposent d'adjoindre à la Commission centrale et, par suite, aux comités d'arrondissement, les personnes dont les noms suivent, savoir :

Pour l'arrondissement de Pontoise :

MM. Joseph Depoin, demeurant à Pontoise, secrétaire de la Société historique du Vexin, qui remplacerait M. L. Thomas, démissionnaire.

M. Lucien Double, avocat, membre de plusieurs sociétés savantes, propriétaire à Saint-Prix (canton de Montmorency) et demeurant à Paris, 9, rue Louis-le-Grand ;

M. Boulogne, architecte, à Gonesse.

Pour l'arrondissement de Rambouillet :

M. Maréchal, curé de Montfort-l'Amaury ;

M. Joly, architecte du Palais, à Rambouillet ;

M. de Coubertin, propriétaire, artiste peintre, à Saint-Remy-les-Chevreuse ;

Et M. J. Poupinel, membre du Conseil général de Seine-et-Oise, propriétaire à Saint-Arnoult.

A une question posée par M. le marquis de Gaillon, M. le comte Clément de Ris répond en indiquant encore une fois les caractères qui distinguent les œuvres d'art proprement dites, qui seules doivent faire l'objet des recherches et des études de la Commission, — des objets d'antiquité ou d'archéologie dont elle n'a point à s'occuper parce qu'ils appartiennent à un autre groupe de travaux qui se poursuivent sous la direction de divers comités spéciaux institués auprès du Ministère de l'Instruction publique. — Il reconnaît toutefois que, dans le doute, il vaut mieux comprendre dans les notices rédigées par les membres de la Commission, *plutôt trop que pas assez*, puisque la Commission pourra toujours, en dernière analyse, ramener les différentes parties de l'Inventaire à de plus justes proportions, et les renfermer exclusivement dans le cadre spécial qui lui est assigné.

A cette occasion, et pour assurer une plus complète unité de vues et de rédaction, M. le Président demande s'il ne serait pas utile de former une sous-commission, composée d'un petit nombre de membres résidant au chef-lieu du département, laquelle serait chargée d'examiner les notices à mesure qu'elles parviendraient à la Préfecture, de les annoter des observations qui lui paraîtraient nécessaires et de les renvoyer ensuite à leurs auteurs pour qu'ils pussent faire les corrections ou modifications reconnues indispensables. Ces notices ainsi amendées reviendraient ensuite devant la Commission centrale qui, sur le rapport de la Sous-Commission de rédaction, en prononcerait définitivement l'acceptation. C'est après cette dernière formalité qu'elles seraient transmises au Ministère.

Cette proposition est très favorablement accueillie; M. Trépagne voudrait qu'un membre de chaque comité d'arrondissement fût adjoint à cette Commission de rédaction; cette motion est rejetée par ce motif qu'elle entraînerait soit des lenteurs dans les travaux de la Sous-Commission, soit des déplacements trop fréquents pour les membres du dehors.

Après une discussion assez prolongée, la proposition de M. le président est mise aux voix et adoptée; il est entendu que les voies à suivre seront celles-ci : les notices seront présentées par leur auteur au comité d'arrondissement; celui-ci après une lecture en séance, les transmettra, avec ses observations s'il y a lieu, à M. le Préfet qui les adressera à la Sous-Commission de rédaction. Celle-ci, après examen, ou les renverra à leur auteur pour correction — ou les admettra en principe et les soumettra, pour approbation définitive à la Commission centrale, lors de sa plus prochaine réunion; de cette manière les travaux de chacun des membres passeront sous le contrôle des comités d'arrondissement, de la Sous-Commission de rédaction et enfin sous célui de la Commission centrale qui statuera en dernier ressort.

Il est procédé à la nomination des membres de la Sous-Commission de rédaction; sont désignés à cet effet MM. Clément de Ris, Delerot, Mainguet et Bertrandy.

Des instructions dans le sens des dispositions qui précèdent seront adressées aux comités d'arrondissement ; ils seront de plus invités à tenir des procès-verbaux réguliers de leurs séances, et à les faire parvenir exactement à la Commission centrale. Le secrétaire est chargé de renvoyer à bref délai à chacun de ces comités les notices déjà rédigées, afin que les règles et la procédure que l'on vient de fixer soient dès à présent appliquées à ces notices.

Le Secrétaire donne lecture d'une lettre par laquelle Mgr l'Evêque de Versailles communique à la Commission centrale les travaux rédigés par quelques ecclésiastiques du diocèse sur les richesses d'art que possèdent leurs églises. La Commission prononce le renvoi de ces travaux à la Sous-Commission de rédaction.

A la demande de plusieurs membres, le Secrétaire est chargé de dresser un état des parties de l'inventaire déjà rédigées, de celles qui sont en préparation et de celles dont chacun des membres de la Commission ou des Comités d'arrondissement aura à s'occuper. Cet état, auquel seront joints le tableau des circonscriptions tel qu'il a été arrêté plus haut, la composition des comités d'arrondissement et celle de la Sous-Commission de rédaction, devra être autographié pour être adressé à M. le Ministre des Beaux-Arts, aux sous-préfets et à tous les membres de la Commission. — L'assemblée exprime en outre le vœu que ces différents documents soient insérés dans l'Annuaire de Seine-et-Oise qui est actuellement sous presse.

A ce moment, M. le Secrétaire général, ayant été obligé de se retirer, cède la Présidence à M. Clément de Ris, qui est, séance tenante, proclamé vice-président à titre définitif.

En prenant possession du fauteuil, il demande à la Commission si elle ne serait pas d'avis de préciser l'état d'avancement auquel ses travaux sont actuellement parvenus afin de joindre cette indication à celles que doivent comprendre les états dont il vient d'être parlé. Cette motion est adoptée avec empressement.

M. Delerot, qui a déjà fait l'inventaire des objets d'art de la Bibliothèque de Versailles (Inventaire imprimé dans les spécimens adressés par le Ministère), fait connaître qu'il se propose de dresser l'Inventaire concernant l'Hôtel-de-Ville.

M. Bertrandy s'occupera du même travail pour les Archives du département.

M. Clément de Ris a dressé l'inventaire de l'Eglise Notre-Dame et de la Cathédrale de Versailles : il se charge de faire celui de la Préfecture.

M. Mainguet s'occupera des églises Saint-Symphorien et Sainte-Elisabeth.

M. Dussieux, bien qu'il ne soit pas présent à la séance, a promis de faire l'inventaire des richesses d'art que renferment les diverses parties de l'Ecole de Saint-Cyr.

Le Secrétaire réunira d'ailleurs les indications contenues, relativement à ce sujet, dans la correspondance qu'il a entre les mains et consultera, pour plus d'exactitude, les Comités d'arrondissement, pour déterminer les travaux faits, ceux en cours d'exécution et ceux qui sont seulement en préparation.

La prochaine réunion de la Commission est fixée à l'un des samedis de la dernière quinzaine d'Avril.

Rien ne se trouvant plus à l'ordre du jour, la séance est levée à cinq heures.

<table>
<tr><td>Le Secrétaire,
Signé : A. Dutilleux.</td><td>Le Président,
Signé : R. Millet.</td></tr>
</table>

6ᵉ SÉANCE. — 24 AVRIL 1880.

PRÉSIDENCE DE M. RENÉ MILLET
Secrétaire général de la préfecture.

Etaient présents :

MM. Delaunay, Dufour, Haro, Laroche, Martin, Boulogne, Girard, l'abbé Grimot, Hérard, Segé, Smith, de Théméricourt, de Coubertin, de Dion, Joly, l'abbé Maréchal, Bertrandy-Lacabane, Delerot, Tournier et Dutilleux, secrétaire.

S'excusent par lettre ou par dépêche :

MM. Grave, Durand, l'abbé Cacheux, Trocmé, Dufresne, Peyron, Pouy, Trépagne, marquis de Gaillon, comte Clément de Ris, Joseph Guyot, Hahn, Lucien Double, Le Charpentier, Depoin, Champfleury, Bertrand et Mainguet.

Le secrétaire donne lecture du procès-verbal de la dernière séance dont la rédaction est approuvée.

Il communique également l'arrêté en date du 29 janvier dernier par lequel, sur la proposition de la Commission, M. le Préfet lui a adjoint en qualité de membres les personnes dont les noms suivent, savoir :

1° *Pour l'arrondissement de Pontoise:*

M. Joseph Depoin, secrétaire de la société historique du Vexin (demeurant à Pontoise), en remplacement de M. L. Thomas démissionnaire.

M. Lucien Double, avocat, conseiller municipal à Saint-Prix, et M. Boulogne, architecte à Gonesse.

2° *Pour l'arrondissement de Rambouillet :*

M. Jules Poupinel, conseiller général, maire de Saint-Arnoult.

M. Maréchal, curé de Montfort-l'Amaury.

M. Joly, architecte du château de Rambouillet et M. de Coubertin, artiste peintre, membre du Conseil municipal de Saint-

Rémy-les-Chevreuse, ce dernier en remplacement de M. Souty, démissionnaire.

Le Secrétaire donne communication des procès-verbaux des séances tenues par les comités d'arrondissement ; ces procès-verbaux renferment, relativement à la répartition du travail entre les membres et au degré d'avancement de ces travaux, des indications que l'on résumera dans la notice qui sera autographiée et adressée à chacun des membres de la Commission ; ces indications seront d'ailleurs complétées par les renseignements particuliers que plusieurs membres ont bien voulu faire parvenir directement soit à M. le Président, soit au Secrétaire de la Commission.

Le Secrétaire fait connaître que le comité spécial de rédaction a déjà examiné un certain nombre de notices qui ont été renvoyées soit à leurs auteurs, soit aux comités d'arrondissement, avec les annotations et les remarques que le comité de rédaction a cru devoir présenter à leur égard.

Sur la proposition de quelques-uns de ses membres et après un échange d'observations, la Commission émet le vœu que lorsque les objets compris dans les inventaires offrent un réel intérêt, des dessins ou des photographies soient joints au texte de manière à former plus tard une collection dont l'importance ne saurait être mise en doute et qui serait exposée dans les Archives du département dont elle deviendrait la propriété. Ces reproductions nécessiteraient, dans certains cas, des dépenses ; ne pourrait-on pas solliciter une subvention du Conseil général ou en demander une au Ministère de l'Instruction publique sur les fonds destinés à encourager les recherches et les publications faites par les correspondants du ministère ?

M. le Président s'associe entièrement à ce vœu et promet d'étudier la question relative à la subvention dont il vient d'être parlé. Il ajoute qu'en 1881 le concours agricole régional doit se tenir à Versailles ; il demande à la Commission si elle ne jugerait pas opportun d'examiner s'il n'y aurait pas lieu d'organiser pour cette époque au chef-lieu du département une exposition artistique rétrospective à laquelle le concours des membres de la Commission, répartis sur tous les points du département, prêterait un appui extrêmement favorable.

La Commission, entrant entièrement dans ces vues, charge son Président et son Secrétaire de lui présenter dans sa prochaine réunion trimestrielle l'exposé de ce que l'on attendrait d'elle dans cette circonstance.

En ce qui concerne plus spécialement les reproductions et dessins dont il a été parlé plus haut, la Commission décide que des instructions dans le sens du vœu qu'elle a émis seront adressées aux divers comités d'arrondissement.

Un membre ayant désiré être éclairé sur l'étendue des devoirs de la Commission relativement aux richesses d'art contenues dans les monuments historiques, M. le Président répond que ce point a été traité dans les instructions ministérielles, que les architectes chargés de la conservation ou de la restauration de ces monuments ont la faculté de dresser l'inventaire des objets d'art que ces monuments renferment; dans tous les cas, avant de s'occuper de ces inventaires spéciaux, il sera bon que les membres de la Commission se concertent avec ces architectes afin d'éviter soit des doubles emplois, soit des froissements toujours regrettables.

Sur la demande présentée par plusieurs de ses collègues, le secrétaire donne lecture de quelques-unes des notices déjà examinées par le comité de rédaction; les observations faites à ce sujet par ce comité serviront d'indications utiles pour les notices actuellement en préparation.

M. le Président fait connaître à la Commission que M. Grave qui représente seul, avec M. Durand, l'arrondissement de Mantes, a été délégué pour assister aux dernières réunions de la Sorbonne où il a donné lecture d'une notice sur la fontaine de Mantes et présenté les quatre inventaires de la Bibliothèque de Mantes, des églises de Gassicourt, Limay, Saint-Sauveur et Vétheuil.

Le Secrétaire dépose sur le bureau les inventaires dont suit la désignation, qui lui ont été adressés par les membres ci-après dénommés :

M. Boulogne. — Eglise de Goussainville.

M. Champfleury. — Eglises de Ville-d'Avray et de Sèvres.

M. de Théméricourt. — Eglise de Théméricourt.

M. Laroche. — Eglise de Vert-le-Grand. — Tronc portatif de l'église de Saint-Spire de Corbeil.

M. Louis Tournier. — Tapisseries conservées à la mairie de Corbeil.

M. l'abbé Grimot. — Eglise de l'Isle-Adam. — Pierre Turquoise. — Eglises de Champagne, de Frouville, de Jouy-le-Comte, de Livilliers, de Presles, de Vallangoujard, de Valmondois et d'Epiais-Rhus.

M. Trocmé. — Hôtel-de-Ville d'Arpajon. — Eglises Saint-Clément et Saint-Germain, d'Arpajon.

M. Le Charpentier. — Eglise N.-D. de Pontoise. — Collège de Pontoise. — Eglise de Génicourt.

M. Depoin. — Eglises de Boissy-l'Aillerie, Ennery, Osny, Puiseux.

M. Tavet. — Eglise de Moussy.

M. Pouy. — Eglise de Montmorency.

M. Girard. — Eglise Saint-Martin de Montmorency.

Ces diverses notices seront renvoyées au comité de rédaction.

A cette occasion le Secrétaire demande s'il ne conviendrait pas que ce comité fît un rapport écrit ou verbal sur les inventaires qu'il croirait susceptibles d'être définitivement approuvés. Au moyen de ces rapports, l'examen de la Commission serait rendu plus facile et sa décision, par conséquent, plus prompte. Après approbation définitive par la Commission, les inventaires seraient alors adressés au Ministère pour prendre rang dans les volumes qui doivent être successivement livrés à l'impression.

Cette motion est adoptée et le Secrétaire est chargé d'écrire dans ce sens à M. le Président du comité de rédaction, que l'état de sa santé a empêché d'assister à la présente réunion.

La Commission rappelle que chaque notice doit être signée du nom du membre qui l'a rédigée.

La prochaine séance est fixée à la seconde quinzaine du mois de juillet prochain.

Rien ne se trouvant plus à l'ordre du jour, la séance est levée à cinq heures de l'après-midi.

Le Secrétaire,

Signé : A. Dutilleux.

Le Secrétaire général,
Président de la Commission,

Signé : René Millet.

7ᵉ SÉANCE. — 23 JUILLET 1880.

PRÉSIDENCE DE M. RENÉ MILLET
Secrétaire général de la Préfecture.

Étaient présents :

MM. Bertrandy, Clément de Ris, Mercier, Cacheux, Dufour, Grave, J. Depoin, Gallet, Girard, Grimot, Tavet, Bellet, de Dion, Le Chenetier, Trépagne et Dutilleux, secrétaire.

Le procès-verbal de la dernière séance est lu et adopté sans observations.

Il est donné lecture de la correspondance.

S'excusent, par lettre, de ne pouvoir assister à la séance :

MM. Dufresne, Maréchal, Delerot, Champfleury, Hérard, Haro, Pouy, L. Tournier, Ed. Smith, Le Bastier de Théméricourt et Hahn.

LE SECRÉTAIRE communique l'arrêté, en date du 29 mai dernier, par lequel, sur la proposition de la Commission, M. le Préfet lui a adjoint les personnes dont les noms suivent, savoir :

1° Pour l'arrondissement de Versailles :

MM. l'abbé Corblet, chanoine honoraire, directeur de la *Revue de l'art chrétien*, correspondant du Ministère de l'Instruction publique, demeurant à Versailles ;

Mercier, vérificateur des poids et mesures, officier d'académie, demeurant à Versailles.

2° Pour l'arrondissement de Pontoise :

M. l'abbé Gallet, curé de Sarcelles.

Le Secrétaire donne lecture des procès-verbaux des séances tenues par les comités d'arrondissement depuis la dernière réunion de la Commission générale.

M. LE PRÉSIDENT entretient l'assemblée de l'Exposition rétrospective projetée à l'occasion du concours régional qui se tiendra à Versailles au mois de juin prochain ; il annonce qu'il a déjà reçu un certain nombre d'adhésions, et il prie chacun de ses collègues d'agir dans le cercle de ses relations afin d'arriver à rendre cette exposition aussi brillante que possible.

A la suite d'une discussion à laquelle prennent part le plus grand nombre des membres présents, la Commission constate qu'il y a lieu de mettre à l'étude, dès à présent, les voies et moyens nécessaires pour mener à bonne fin le projet dont il s'agit ; il faudra se préoccuper surtout de la question financière, c'est-à-dire de la possibilité de faire face aux dépenses diverses qu'entraînera l'organisation de l'exposition ; la question du personnel de garde et de surveillance, celle du local ont également un grand intérêt.

Il est entendu qu'une commission spéciale sera nommée en vue de régler ces détails importants ; en outre, une sorte d'enquête sera faite par chacun des membres de la commission des richesses d'art, en vue de faire connaître les collectionneurs auxquels il y aurait lieu d'adresser des lettres d'invitation.

M. Mercier signale dès à présent l'instituteur d'Andelu comme ayant recueilli une collection très intéressante d'objets de l'âge de pierre, taillée ou polie, trouvés dans les environs.

M. l'abbé Grimot indique plusieurs objets de même nature existant chez un paysan de la commune de Nucourt.

MM. Dufour et de Dion font des communications analogues qu'ils voudront bien reproduire par écrit ; ce dernier insiste particulièrement sur l'importance d'une collection réunie par M. Morize, qui demeurait autrefois à Chevreuse, et qui réside actuellement à Luynes, près de Tours ; cette collection se compose principalement de dessins, gravures, etc., concernant les anciennes abbayes des Vaux-de-Cernay et de Port-Royal. M. de Dion voudra bien écrire à M. Morize pour lui demander d'envoyer ces objets à l'exposition rétrospective de 1881.

M. l'abbé Grimot appelle l'attention de la Commission sur le retable de Nucourt qui est une fort belle œuvre de la Renaissance, encore revêtue de ses couleurs primitives.

M. l'abbé Le Chenetier présente à la Commission une série de photographies parfaitement exécutées d'après les remarquables vitraux de l'église de Montfort-l'Amaury, par M. Jubert, agent comptable de l'Ecole de Grignon.

La Commission examine ces reproductions avec le plus vif intérêt et prie M. Le Chenetier de transmettre ses éloges à M. Jubert.

M. Le Chenetier annonce qu'il fait don de ces photographies pour la collection de dessins, estampes et photographies dont la Commission des Richesses d'art a voté la création dans sa dernière séance. La Commission félicite M. l'abbé Le Chenetier d'avoir posé le premier jalon de cette collection départementale ; elle décide que mention de ses remercîments sera inscrite au procès-verbal de la présente séance.

M. le Vice-Président informe ses collègues que la Commission centrale siégeant à Paris a dû renvoyer à leurs auteurs plusieurs notices qui avaient un caractère un peu trop archéologique, tandis qu'elles auraient dû être consacrées exclusivement aux œuvres purement artistiques. M. Clément de Ris recommande instamment à ses collègues de suivre très rigoureusement, pour la rédaction des inventaires, les modèles qui ont été transmis à chacun d'eux ; ce n'est qu'à cette condition que les notices pourront être admises par la Commission supérieure et insérées dans les volumes actuellement en préparation.

M. Bertrandy demande s'il n'y aurait pas avantage, au point de vue des études historiques, à dédoubler en quelque sorte l'œuvre de la Commission : ainsi, tandis que l'on préparerait un inventaire succinct, tel que le réclame le Ministère, ne pourrait-on pas rédiger des notices plus développées qui, déposées aux Archives, seraient réunies en un corps d'ouvrage qui pourrait faire ultérieurement l'objet d'une publication entreprise aux frais ou avec le concours du Département.

M. le Vice-Président répond que rien ne s'oppose à cette combinaison ; mais qu'il faut, avant tout, satisfaire à l'objet pour lequel la Commission a été spécialement instituée.

La proposition de M. Bertrandy est d'ailleurs l'objet d'un accueil favorable.

M. J. Depoin émet l'avis que, pour faciliter le travail des membres de la Commission, ainsi que la rédaction et la publication ultérieure des notices plus développées dont a parlé M. Bertrandy, il y aurait lieu de demander des subventions à l'Etat, au Conseil général et peut-être même de recourir au mode de cotisation individuelle de la part des membres de la Commission.

Sont déposées sur le bureau et renvoyées à la Commission de rédaction, les notices dont suit l'indication :

1° pour l'arrondissement de Pontoise : Sous-Préfecture de Pontoise par M. J. Depoin et Le Charpentier ;

Eglise de Groslay, par M. Girard ;

Eglise de Persan, par M. l'abbé Grimot ;

Eglises de Beaumont-sur-Oise et d'Asnières-sur-Oise, par M. Vernier ;

2° pour l'arrondissement de Corbeil :

Eglise de St-Jean-en-l'Isle, par M. Dufour ;

Eglise de Boissy-St-Léger, de Marolles-en-Brie et de Varennes, par M. l'abbé Cacheux ;

3° pour l'arrondissement de Rambouillet :

Eglise de Chevreuse, par M. de Coubertin ;

4° pour l'arrondissement de Mantes :

Eglise de Notre-Dame de Mantes, par MM. Durand et Grave.

La prochaine séance est fixée à la seconde quinzaine du mois d'octobre 1880.

Rien ne se trouvant plus à l'ordre du jour, la séance est levée à cinq heures de l'après-midi.

<table>
<tr><td>Le Secrétaire,</td><td>Le Président,</td></tr>
<tr><td>Signé : A. DUTILLEUX.</td><td>Signé : RENÉ MILLET.</td></tr>
</table>

8ᵉ SÉANCE. — 30 OCTOBRE 1880.

PRÉSIDENCE DE M. CLÉMENT DE RIS.
Vice-Président.

Étaient présents :

MM. de Dion, Dufour, de Coubertin, Smith, Mercier, Le Chenetier, Martin, Boulogne, Joly, Tavet, Gallet et Dutilleux, secrétaire.

S'excusent par lettre de ne pouvoir assister à la séance :

MM. Le Charpentier, Durand, Laroche, Segé, Hahn, Girard, Haro, Peyron, Tournier, Trépagne, J. Reinach, de Théméricourt, Delerot, Berchère, Dufresne et Maréchal.

Le procès-verbal de la dernière séance est lu et adopté sans observations ; il est également donné lecture de la correspondance.

Le Secrétaire annonce à la Commission que, sur la proposition de M. le Préfet, le Conseil général a bien voulu inscrire au budget de 1881 une somme de 500 francs pour favoriser l'accomplissement et le développement de l'œuvre de l'Inventaire des richesses d'art ; l'assemblée s'empresse de voter des remercîments au Conseil général et à M. le Préfet et décide que l'expression de ses sentiments à cet égard, sera consignée au procès-verbal de la présente séance.

Le Secrétaire communique l'arrêté, en date du 27 juillet dernier, par lequel M. le Préfet a nommé membre de la Commission M. Meissonier (Jean-Louis-Ernest), peintre d'histoire, membre de l'Institut, grand officier de la Légion d'honneur.

M. LE PRÉSIDENT donne communication à la Commission des notices qui avaient été renvoyées à l'examen du comité de rédaction ; il lit en même temps les observations auxquelles ces notices ont donné lieu ; il recommande à ses collègues de vouloir bien indiquer sommairement ce que l'on pourrait appeler les références bibliographiques et de s'attacher à suivre très exactement les instructions ministérielles ainsi que les spécimens qui leur servent de corollaires.

Sur l'invitation de M. le Président, M. Dufour donne lecture de la notice qu'il a préparée sur l'église de Saint-Jean-en-l'Ile, et M. J. Depoin lit le travail qu'il a rédigé sur les objets d'art existant à la sous-préfecture de Pontoise.

Quelques passages de cette dernière notice semblent constituer plutôt un rapport au Conseil général qu'un inventaire proprement dit ; l'auteur, se rendant à ces justes observations, apportera quelques modifications dans la rédaction de cette notice.

M. l'abbé Grimot dépose sur le bureau deux nouveaux inventaires concernant les églises d'Hérouville et de Persan. M. l'abbé Le Chenetier dépose également trois notices sur le Mesnil-Saint-Denis, Jouars-Pontchartrain et Magny-les-Hameaux. M. Martin remet une autre notice sur l'église de Crosnes. Enfin, M. Clément de Ris présente l'inventaire des œuvres d'art qui ornent la préfecture de Versailles.

Ces divers inventaires ou notices sont renvoyés à l'examen du comité de rédaction.

M. Grave informe la Commission qu'il est à sa connaissance personnelle que, récemment encore, des conseils de fabrique ont aliéné, sans suivre les voies légales, des objets d'art qui appartenaient aux églises ; il demande en conséquence que M. le Préfet veuille bien adresser des instructions très précises aussi bien aux maires qu'aux présidents des conseils de fabrique pour léur rappeler les règles qui déterminent les formalités à suivre en pareil cas ; la Commission tout entière s'associe aux vues exprimées très justement par M. Grave ; sur la proposition de M. Mainguet, la Commission décide que M. le Préfet sera prié de vouloir bien rappeler directement aux maires, aux curés et aux fabriciens, par une circulaire insérée au *Recueil des Actes administratifs* « que ceux qui aliènent irrégulièrement les objets » d'art qui sont la propriété des fabriques, tombent sous le » coup de peines judiciaires ».

Le Secrétaire promet d'autre part d'examiner la question au point de vue de la jurisprudence et de faire un rapport à ce sujet à la Commission centrale lors de sa prochaine réunion.

M. le Président ouvre ensuite la discussion au sujet de l'organisation de l'Exposition rétrospective de 1881.

Le Secrétaire ayant fait connaître que le Concours régional agricole doit se tenir à Versailles du 18 au 27 juin prochain, la Commission estime que l'Exposition rétrospective pourrait durer du 1er juin au 15 juillet.

Quant à la question du local, il ne saurait y en avoir de plus avantageux à tous les points de vue que les trois ou quatre salles formant l'angle sud du principal corps de bâtiment du château de Versailles, lesquelles salles ont été à diverses reprises occupées par le Conseil général de Seine-et-Oise, alors que l'hôtel de la Préfecture était habité par M. le Président de la République. La Commission décide qu'il sera écrit à M. le Ministre des Travaux publics et à M. le Ministre de l'Instruction publique et des Beaux-Arts, afin d'obtenir la concession de ce local pendant tout le temps qui sera reconnu nécessaire ; il est entendu d'ailleurs que les frais d'installation de toute nature, occasionnés par l'Exposition rétrospective, resteront à la charge de cette Exposition.

Quelques-uns des membres de la Commission émettent l'avis qu'il conviendrait de constituer un comité de patronage composé de quelques notabilités choisies parmi les amateurs les plus en vue, habitant ou résidant une partie de l'année dans Seine-et-Oise ; plusieurs noms sont mis en avant, notamment ceux de Mme la duchesse de Luynes, à Dampierre ; Mme Heine, à Rocquencourt ; MM. Léon Say, Ed. Charton, Lucien Double, prince Soltykoff, le baron Hirsch, Meissonier, le baron James de Rothschild, Victorien Sardou, le vicomte des Méloises, Vatel, etc.

Cette proposition est adoptée en principe, et M. le Président est chargé, de concert avec les membres résidant à Versailles, d'y donner la suite qu'elle comporte.

Quelques membres demandent si l'Exposition aura un caractère général s'appliquant à toutes les œuvres d'art, de quelque nature qu'elles soient, ou si elle sera limitée soit à des époques spéciales, soit à des catégories particulières ; il est répondu qu'il est bien difficile, en province, de spécialiser les expositions analogues à celle que l'on veut organiser ; tout en restant dans les limites de l'art antérieur à la Révolution, par exemple, il faut nécessairement, pour intéresser le public et surtout pour se concilier le concours du plus grand nombre possible de collectionneurs, accepter, pourvu qu'ils aient un caractère artistique ou archéologique nettement prononcé, les objets d'art de toute nature, de toutes les provenances, de toutes les époques ; ce qui n'empêchera pas cependant d'établir, si faire se peut, certaines séries spéciales ; on pourra, par exemple, réserver un emplacement aux œuvres sculptées, peintes, dessinées, gravées, qui concernent plus spécialement l'histoire et l'archéologie de notre contrée ; il en serait de même si l'on arrivait à réunir une suite assez importante d'œuvres exécutées par des artistes du pays.

M. le Président engage très fortement tous ses collègues à agir dans le cercle de leurs relations afin de réunir le plus d'adhésions possibles pour l'œuvre difficile et délicate dont la Commission s'est chargée ; il prie ses collègues d'envoyer le plus tôt possible soit à lui-même, soit au Secrétaire, les listes des personnes qui collectionnent ou qui possèdent des œuvres d'art et qu'ils espèrent amener à confier tout ou partie de leurs collections à l'Exposition projetée.

Aussitôt après la réception de ces listes, on écrira directement aux personnes spécialement désignées, pour solliciter d'elles une adhésion formelle et l'indication sommaire de ce qu'elles consentent à prêter pour l'Exposition ; on leur enverra ensuite une notice imprimée qu'elles n'auront plus qu'à remplir et dont la réunion constituera les éléments du catalogue de l'Exposition.

Mais, ajoute M. le Président, il faut se hâter ; car il n'y a pas trop des sept ou huit mois qui nous séparent de l'Exposition pour accomplir le travail considérable de correspondance, de réception, de classement, etc., auquel doit donner lieu l'organisation d'une Exposition de cette nature.

La Commission, s'associant aux vœux qui viennent d'être exprimés, délègue à ceux de ses membres qui habitent la ville de Versailles le soin de préparer les bases sur lesquelles sera organisée l'Exposition rétrospective de 1881.

Rien ne se trouvant plus à l'ordre du jour, la séance est levée à cinq heures.

Le Secrétaire,
Signé : A. DUTILLEUX.

Le Président,
Signé : CLÉMENT DE RIS.

9ᵉ SÉANCE. — 22 FÉVRIER 1881.

PRÉSIDENCE DE M. DURIEU
Secrétaire général de la Préfecture.

Etaient présents :

MM. Grimot, de Dion, Le Chenetier, Tournier, Delerot, Mercier, Bertrandy, Maréchal, Gallet, Le Charpentier, Tavet, Segé, Dufour, Clément de Ris, Trépagne et Dutilleux, secrétaire.

S'étaient excusés :

MM. de Théméricourt, Martin, Hahn, Pouy, Joseph Guyot, Depoin, Grave et Delaunay.

Le procès-verbal de la dernière séance est lu et adopté.

M. LE PRÉSIDENT fait connaître que, par arrêté en date du 22 de ce mois, M. Simonard, percepteur à Rambouillet, a été nommé membre de la commission pour l'arrondissement de Rambouillet, en remplacement de M. Bellet, qui a quitté le département.

Le Secrétaire donne lecture d'une circulaire de M. le Ministre de l'instruction publique et des Beaux-Arts, invitant la Commission à envoyer des délégués à la réunion des sociétés savantes et des Beaux-Arts qui aura lieu à la Sorbonne, du 20 au 23 avril prochain. M. l'abbé Gallet, présent à la séance, consent à représenter la Commission à ces réunions ; il y donnera lecture de sa notice sur l'Eglise de Sarcelles. — MM. Martin et de Coubertin sont éventuellement désignés pour assister également à ces réunions.

M. CLÉMENT DE RIS donne quelques détails sur l'organisation de l'Exposition rétrospective qui doit avoir lieu au Palais de Versailles du 1ᵉʳ juin au 15 juillet prochain ; il a la satisfaction d'annoncer que, selon toute apparence, les résultats répondront à l'attente de la Commission des Richesses d'Art qui a pris cette Exposition sous son patronage.

Il donne lecture d'une lettre de M. Langevin, de Meulan, qui demande qu'un membre de la Commission vienne choisir chez lui les objets de sa Collection qui paraîtraient dignes de figurer à l'Exposition. La Commission désigne à cet effet M. Grave, de Mantes, à qui le Secrétaire écrira pour lui demander de vouloir bien se rendre à cet effet à Meulan, auprès de M. Langevin.

M. l'abbé Grimot exprime le désir que quelques membres de la Commission veuillent bien se rendre également chez lui pour y faire, dans sa collection, un choix des objets qu'il conviendrait d'admettre à l'Exposition rétrospective. MM. Dutilleux, Depoin et Le Charpentier sont désignés à cet effet.

Le Secrétaire donne lecture des instructions que, sur la demande de la Commission des Richesses d'Art, M. le Préfet a bien voulu adresser aux maires, Conseils de fabrique, etc., pour empêcher l'aliénation, en dehors du contrôle administratif, des objets mobiliers appartenant aux établissements publics, et ayant un caractère artistique. Ces instructions sont conçues en ces termes :

« *Commission de l'Inventaire des Richesses d'Art. Conser-*
» *vation des objets d'art appartenant aux établissements*
» *publics.*

» Versailles, le 10 novembre 1880.

» *Le Préfet de Seine-et-Oise à MM. les Maires du département.*

» Messieurs,

» La Commission nommée par mon prédécesseur le 2 septem-
» bre 1878 (voir le Recueil de cette année, n° 39) à l'effet de
» dresser l'inventaire de toutes les œuvres d'art, de quelque nature
» qu'elles soient, existant dans les monuments, édifices et éta-
» blissements publics du département, poursuit avec persévé-
» rance la mission qui lui est confiée.

» Déjà un certain nombre d'inventaires ont été rédigés, ap-
» prouvés par la Commission centrale, et envoyés à M. le Ministre

» qui les fera figurer dans les volumes publiés sous ses auspices.

» Je suis heureux de féliciter ici la Commission du zèle et de la
» persévérance qu'elle apporte à l'accomplissement de sa mis-
» sion ; je saisis également cette occasion pour remercier MM. les
» maires, les curés ou desservants, les instituteurs, et en général
» toutes les personnes qui ont bien voulu prêter à la Commission
» un utile concours.

» L'œuvre qu'il s'agit de mener à bonne fin présente un double
» avantage : si elle met en relief les richesses d'art que possède
» notre pays, elle en assure par cela même la conservation.

» Inspirée par ces sentiments, la Commission m'a demandé
» de rappeler qu'il est absolument interdit d'aliéner ou d'échan-
» ger aucun objet d'art appartenant à un établissement public
» sans une autorisation spéciale de l'Administration supérieure.

» Il a été jugé, en effet, par les Tribunaux, que « toute vente,
» aliénation ou échange consentis en dehors de cette autorisation,
» sont nuls et de nul effet ; l'acquéreur est tenu de restituer l'objet
» vendu, ou faute de ce faire, d'en payer la valeur ; *les vendeurs*
» *sont personnellement garants de l'exécution de ces con-*
» *damnations* ».

» Je vous prie, Messieurs, de veiller avec le plus grand soin à
» ce qu'aucune aliénation, aucun échange n'aient lieu dans ces con-
» ditions irrégulières. Vous voudrez bien donner communication,
» en mon nom et à titre officiel, de la présente circulaire à
» MM. les Curés ou Desservants, aux présidents du Conseil de
» fabrique, aux administrateurs de l'Hospice, s'il en existe dans
» votre commune, et en général aux personnes et aux établisse-
» ments que l'objet qui nous occupe pourrait concerner.

» Recevez, etc.

» Le Préfet de Seine-et-Oise,

» Félix Cottu. »

La Commission remercie M. le Préfet d'avoir bien voulu donner
ainsi satisfaction au vœu qu'elle avait exprimé.

Le Secrétaire fait connaître que la Commission administrative
des hospices de Rambouillet ayant manifesté l'intention de ven-
dre, moyennant 3,000 francs, deux magnifiques tables en bois

sculpté, époque Louis XIV, que cet établissement possède, M. le
Préfet a chargé l'un des membres du Comité de Rambouillet
d'aller examiner ces objets, afin de se rendre compte de leur valeur. M. Ch. Joly, qui a accepté cette mission, estime à 6,000
francs la valeur de ces deux tables ; par conséquent, si l'hospice
est obligé de s'en défaire pour acquitter des dépenses indispensables, on peut être assuré que cette aliénation n'aura pas lieu à
des conditions désavantageuses.

Le même membre communique les informations qui ont été
données par M. le maire de Maisse relativement à des sarcophages
en plâtre qui ont été trouvés récemment dans cette commune ; on
n'a recueilli dans ces sépultures aucun objet qui permette d'en
fixer la date.

Il donne ensuite lecture d'une lettre adressée à M. le Préfet par
M. P. Guégan, de St-Germain, au sujet de découvertes promettant
de devenir fort intéressantes, qu'il a faites récemment sur le territoire d'Orgeval ; il ne s'agirait de rien moins que d'un souterrain-
refuge remontant aux époques les plus reculées. M. Guégan estime que des fouilles opérées dans cet endroit amèneraient probablement des découvertes importantes ; il regrette que sa situation
modeste ne lui permette pas d'y faire procéder comme il le désirerait.

Après avoir terminé cette communication, le Secrétaire insiste
sur ce point, qu'il est bien regrettable que l'Administration ne
dispose d'aucun crédit pour encourager les travaux de cette
nature ; les indices découverts à Maisse et à Orgeval, ceux rencon-
trés naguère à Poissy dans l'ancien lit de la Seine, font entrevoir
que des fouilles accomplies méthodiquement sur ces différents
points amèneraient sans doute des résultats considérables, au
point de vue de l'histoire et de l'archéologie.

M. le Président ajoute que la Commission des Richesses d'Art
dont l'action s'étend sur tout le département et qui possède des
membres zélés et instruits dans tous les cantons, pourrait prendre en main les idées qui viennent d'être exposées et formuler un
vœu pour que le Conseil général consentît à mettre à la disposition de l'Administration un certain crédit destiné à faciliter les
travaux de cette nature ; les demandes d'allocation sur ce crédit,

ne seraient admises qu'après l'examen et sur le rapport de membres de la Commission ; ceux-ci suivraient les travaux et surveilleraient l'emploi des sommes accordées. Des rapports sur les résultats des fouilles seraient adressés à l'Administration ; les objets de diverse nature ainsi découverts deviendraient la propriété du département et seraient déposés dans une salle dépendant des Archives où leur réunion constituerait une sorte de musée départemental qui ne saurait manquer d'offrir au bout de peu d'années un véritable intérêt, tout en augmentant la richesse mobilière du département.

S'associant aux vues qui viennent d'être exposées, la Commission, considérant que, dans l'intérêt des études historiques, il y a lieu de se préoccuper avec plus d'attention qu'on ne l'a fait jusqu'ici des découvertes d'objets antiques ou du moyen âge, que les travaux de terrassements amènent continuellement au jour, et même de provoquer, lorsqu'il y aura lieu, au moyen de quelques allocations, des fouilles sur les points où des indices sérieux auraient été accidentellement recueillis ; considérant que, dans plusieurs départements et notamment dans le Nord, le Pas-de-Calais, la Seine-Inférieure, des crédits sont inscrits, aux fins ci-dessus spécifiées, dans les budgets départementaux, émet le vœu que M. le Préfet demande au Conseil général, lors de l'établissement du budget de 1882, l'inscription d'un crédit qui permette d'encourager et de provoquer même au besoin les opérations dont il s'agit. Les allocations imputables sur ce crédit ne seraient accordées que sur le rapport et la proposition de la Commission des Richesses d'Art ; les travaux seraient surveillés par des membres désignés par elle ; des rapports sur les résultats obtenus, seraient rédigés par ces mêmes membres et communiqués au Conseil général ; enfin tout ce qui serait découvert dans les fouilles ainsi subventionnés deviendrait la propriété du département, et serait réuni et classé dans une des salles des Archives en vue de constituer un musée départemental.

Le Secrétaire demande à la Commission quel emploi elle entend faire de la subvention de 500 fr., qui lui a été accordée par le Conseil général. — La Commission, considérant qu'il paraît indispensable qu'avant l'envoi au Ministère des notices rédigées par chacun de ses membres, il en soit conservé un exemplaire dans ses Archives, décide, en premier lieu, que des copies seront faites de toutes les notices rédigées jusqu'à ce jour et de toutes celles qui seront présentées ultérieurement ; que les frais de copie seront payés sur la subvention départementale ; en second lieu, que le tableau présentant l'état d'avancement au 1er mars 1881 des travaux de la Commission sera, sur les mêmes fonds, imprimé ou autographié et distribué aux membres de la Commission, aux Conseillers généraux, ainsi qu'aux maires des principales communes du département.

Quelques membres auraient désiré qu'une copie des notices fût envoyée aux établissements publics que chacune d'elles concerne : tout en reconnaissant que cette disposition aurait une très grande utilité, puis qu'elle fixerait l'état actuel des objets et servirait ainsi de contrôle, la Commission exprime le regret que cette mesure ne puisse être actuellement adoptée en raison de la dépense qu'elle occasionnerait.

Quelques membres ayant demandé si les œuvres des artistes contemporains seront admises à l'Exposition rétrospective, M. CLÉMENT DE RIS fait connaître que, dans sa réunion de samedi dernier, le comité d'organisation de l'Exposition s'est occupé de cette question, et a décidé que l'on recevrait les œuvres des artistes contemporains, mais seulement de ceux qui sont décédés, afin de ne pas empiéter sur le domaine de la société des Amis des Arts.

M. l'abbé GALLET donne lecture de la notice qu'il a rédigée sur l'Eglise de Sarcelles. Après quelques légères observations, auxquelles M. Gallet s'empressera de donner satisfaction, ce travail est admis par la Commission ; il sera lu par son auteur aux réunions de la Sorbonne dont il a été question plus haut.

Rien ne se trouvant plus à l'ordre du jour, la séance est levée à cinq heures.

Le Secrétaire,
Signé : A. DUTILLEUX.

Le Président,
Signé : DURIEU.

10e SÉANCE. — 21 AVRIL 1881.

PRÉSIDENCE DE M. LE COMTE CLÉMENT DE RIS
Vice-Président

Etaient présents :

MM. Grave, Mercier, Dufour, Grimot, Bertrandy, de Théméricourt, Tavet, Smith, Gallet, Martin, Joly, Dansaërt, Hérard, Guillaume et Dutilleux, secrétaire.

Se sont excusés de ne pouvoir assister à la séance :

MM. Durieu, Le Charpentier, Depoin, Hahn, Pouy, Durand, Le Chenetier, Decauville, Delaunay, Trépagne.

Le procès-verbal de la dernière séance est lu et adopté.

Le Secrétaire informe la Commission que, par arrêté en date du 10 mars dernier, M. le Préfet a nommé M. Paul Decauville, maire d'Evry-sur-Seine, membre de la Commission de l'Inventaire des Richesses d'Art pour l'arrondissement de Corbeil, en remplacement de M. Trocmé, démissionnaire, et par arrêté du 8 de ce mois, membres de la même Commission : MM. Dansaërt, maire d'Ecouen et Edouard Frère, fils, conseiller municipal en ladite commune, tous deux artistes peintres.

Le Secrétaire donne lecture de la correspondance reçue depuis la dernière séance.

Une lettre de M. Blondin, de Choisy-le-Roi, fixe particulièrement l'attention de la Commission; elle est relative à une pierre sculptée présentant un carré d'environ 1 m. à 1 m. 50 et sur laquelle sont reproduites plusieurs scènes de la Passion ; cette œuvre d'art paraît dater du xive siècle. MM. Martin et Grimot qui connaissent cette sculpture, donnent à cet égard d'intéressants détails ; M. Martin l'a signalée dans sa notice sur Villeneuve-Saint-Georges, imprimée en 1867; il a fait placer cette pierre dans l'église, mais on pourrait l'obtenir pour l'Exposition ainsi qu'un tableau d'Oudry, représentant saint Hubert, appartenant également à l'église de Villeneuve-Saint-Georges ; M. Martin veut bien se charger de faire auprès du curé et du conseil de fabrique les démarches nécessaires à cet effet. Il sera d'ailleurs écrit à M. Blondin pour le remercier de sa communication.

Le Secrétaire appelle l'attention de ses collègues sur l'emploi du crédit de 500 francs voté par le Conseil général pour les dépenses de la Commission des Richesses d'Art.

Il avait été décidé dans la dernière séance que cette somme serait employée, d'abord à faire la copie des notices précédemment rédigées par les membres de la Commission, et en second lieu à livrer à l'impression l'état d'avancement des travaux de la Commission. Le Secrétaire demande s'il n'y aurait pas lieu d'imprimer également les procès-verbaux des séances et de les faire précéder des arrêtés préfectoraux constituant la Commission ainsi que des circulaires et instructions ministérielles relatives au même objet. Le crédit voté par le Conseil général lui paraît suffisant pour faire face à ce supplément de dépense.

La Commission, entrant complètement dans les vues qui viennent d'être exposées, charge son Secrétaire de cette publication qui sera distribuée aux Conseillers généraux, aux représentants de l'Administration et à chacun des membres de la Commission.

M. le Président annonce que l'Exposition rétrospective, organisée sous les auspices de la Commission de l'Inventaire des Richesses d'Art promet d'être très brillante. Le nombre des exposants dépasse actuellement 200 et celui des objets d'art de toute nature qu'ils se sont engagés à envoyer s'élève à plus de 4,000 parmi lesquels on compte environ 500 tableaux appartenant à toutes les écoles et spécialement à l'école française des xviie et xviii[o] siècles. — Mais cette abondance de richesses nécessitera des frais d'installation et de transport plus coûteux qu'on ne l'avait d'abord supposé et les prévisions premières se trouveront selon toute apparence sensiblement dépassées. — La Commission d'organisation apportera d'ailleurs tous ses soins à réduire les dépenses en se maintenant dans les limites du strict nécessaire.

La Commission accueille avec une vive satisfaction les

détails que lui communique M. le Président ; elle donne son entière approbation aux actes du Comité d'organisation et remercie
les personnes qui en font partie du dévouement avec lequel elles
s'attachent à mener à bonne fin l'entreprise laborieuse et difficile
qui leur est confiée.

M. le Président fait connaître qu'à l'imitation de ce qui a lieu
aux Expositions de l'Union centrale et de ce qui a été fait
également à l'Exposition universelle de 1878, une des salles de
l'Exposition rétrospective de 1881 sera réservée aux publications
de toute nature concernant le département de Seine-et-Oise ; un
appel sera adressé à cet effet aux principaux éditeurs de Paris et
du département, aux auteurs, aux sociétés savantes, aux direc-
teurs de publications périodiques. Les ouvrages modernes seront
à la disposition et entre les mains du public. — M. le Président
réclame le concours de ceux de ses collègues qui pourraient prendre part à cette section spéciale de l'Exposition. — Les membres
présents s'empressent de promettre l'envoi de celles de leurs
œuvres dont ils ont encore des exemplaires à leur disposition.

Le Secrétaire donne lecture des pièces ou procès-verbaux envoyés par les comités des arrondissements de Rambouillet et de
Pontoise. — Ces documents comprennent l'inventaire de l'église
de Saint-Rémy-lès-Chevreuse, par M. de Coubertin ; l'inventaire
de la Sous-Préfecture de Pontoise par MM. Le Charpentier et
Depoin et celui de l'église d'Ecouen par M. l'abbé Gallet. Ce dernier a joint à son travail un mémoire sur le point de savoir si
« l'on doit rapporter à Ecouen le nom d'*Iticinoscoam* dont il
» est question dans la Charte de Dagobert de 632 ».

En raison de son objet qui paraît étranger aux matières dont
la Commission doit spécialement s'occuper, ce mémoire est ren-
voyé à l'examen de M. Bertrandy, archiviste du département.

Le Comité de l'arrondissement de Pontoise a exprimé le désir
que l'inventaire de la Sous-Préfecture dressé par MM. Le Charpentier et Depoin fût placé sous les yeux du Conseil général afin
d'appeler l'attention de cette haute assemblée sur la valeur des
objets d'art qui décorent cette propriété départementale et sur les
soins à prendre pour en assurer la conservation et la compléter
même s'il est possible. — S'associant à ces vues, la Commission

prie M. le Préfet de vouloir bien transmettre au Conseil général le rapport dont il s'agit, en appelant sur les œuvres d'art très remarquables qui y sont inventoriées, l'intérêt de l'Assemblée départementale. — La Commission exprime en outre le vœu de voir figurer à l'Exposition rétrospective deux des vases de porcelaine de Chine vert céladon qui ornent le grand salon de la Sous-Préfecture.

M. TAVET fait connaître que, malgré toutes les instances qui lui ont été adressées, le Conseil de fabrique de l'église de Saint-Ouen-l'Aumône se refuse à envoyer à l'Exposition rétrospective la Vierge ouvrante, provenant de Maubuisson et qui appartient actuellement à l'église de Saint-Ouen ; mais le même conseil est disposé à confier à la Commission d'organisation un tableau peint par la princesse Palatine, abbesse du monastère précité.

Le même membre signale l'existence chez les dames Augustines de Pontoise, d'un très beau Christ en ivoire et il s'offre à le demander à ces religieuses pour l'Exposition. — La Commission le remercie de vouloir bien prendre l'initiative de cette démarche et il lui donne tous pouvoirs à cet effet.

M. GRAVE lit une note sur la découverte récente dans la commune d'Epone au lieu dit « La Garenne » d'un monument mégalithique ou allée couverte. Ce monument intéressant situé à deux ou trois cents mètres du dolmen d'Epône déjà décrit et dessiné par M. Cassan, a été fouillé par le propriétaire du terrain, M. Bertin ; on y a trouvé un grand nombre de squelettes, de haches, de pierres polies, une infinité d'instruments en silex, un petit ornement en pierre chisteuse noire percé de deux trous, deux ou trois instruments d'os de cerf travaillés et polis et enfin de nombreux débris de vases en terre façonnés à la main et très grossiers.

M. DUTILLEUX, qui a visité cet hypogée lundi 18 courant avec M. Guégan, présente le dessin de l'une des pierres qui précèdent l'entrée intérieure du monument ; la pierre qu'il a dessinée offre cette particularité que des traits évidemment intentionnels ont été gravés au moyen sans doute d'instruments en pierres ; ces traits sont parfaitement apparents, mais il est difficile de déterminer le ou les objets qu'ils avaient pour but de représenter.

M. Martin donne lecture de la notice qu'il a rédigée sur l'église de Brunoy. Cette notice, ainsi que celles dont il est parlé plus haut dans le présent procès-verbal, sont renvoyées à l'examen du comité de rédaction.

Rien ne se trouvant plus à l'ordre du jour, la séance est levée à 6 heures.

<table>
<tr><td>Le Secrétaire,</td><td>Le Président,</td></tr>
<tr><td>*Signé :* A. Dutilleux.</td><td>*Signé :* L. Clément de Ris.</td></tr>
</table>

QUATRIÈME PARTIE

———

État d'avancement des Travaux de la Commission
au 1ᵉʳ Juillet 1881.

ARRONDISSEMENT DE CORBEIL

M. l'abbé Cacheux, curé de Boissy-Saint-Léger.

    Notices rédigées. — Eglises de Boissy-Saint-Léger, de Marolles-en-Brie et de Varennes.

    Not. en préparation. — Eglises de Sucy-en-Brie, de Valenton et de Villecresnes.

M. Delaunay, avoué à Corbeil.

    Not. réd. — Eglise de Linas.

M. Dufour, conservateur de la Bibliothèque, à Corbeil.

    Not. réd. — Eglise Saint-Jean-en-l'Isle de Corbeil.

    Not. en préparation. — Eglise de Saint-Germain-lès-Corbeil.

M. Laroche, architecte de l'arrondissement de Corbeil.

    Not. réd. — Eglise de Vert-le-Grand. — Tronc portatif de l'Eglise Saint-Spire, de Corbeil.

M. Martin, ancien adjoint au maire, à Villeneuve-Saint-Georges.

    Not. réd. — Eglises de Crosnes, d'Yerres et de Brunoy.

M. Trocmé, ancien conseiller municipal, à Arpajon (démissionnaire).

    Not. réd. — Hôtel-de-Ville d'Arpajon. — Eglises de Saint-Clément et de Saint-Germain, à Arpajon.

ARRONDISSEMENT D'ÉTAMPES

M. Lenoir, président de la Commission du Musée, à Etampes.

    Not. réd. — Bibliothèque d'Etampes. — Palais de Justice d'Etampes (Peintures murales).

M. de la Tullaye, propriétaire à Etampes.

    Notices en préparation. — Eglises d'Ormoy-la-Rivière, de Saint-Martin-d'Etampes, de Brières-les-Scellés, de Méréville. — Hôtel-Dieu d'Etampes.

ARRONDISSEMENT DE MANTES

M. Durand (Alphonse), architecte du Gouvernement, à Mantes.

> *Not. réd.* — Bibliothèque de Mantes. — Fontaine monumentale, à Mantes. — Eglises de Gassicourt, de Limay, de Vétheuil et de Magny. — Ermitage de Saint-Sauveur. — Eglise N.-D. de Mantes.
>
> *Not. en prépar.* — Retable de l'église de Guernes. — Églises d'Epône, de Mézières, de Rosny, de Perdreauville, de Flacourt, de Soindres, de la Roche-Guyon.

M. Grave, pharmacien à Mantes.

> *Not. réd.* — Bibliothèque de Mantes. — Fontaine monumentale à Mantes. — Eglises de Mantes, de Gassicourt, de Limay, de Vétheuil et de Magny.

ARRONDISSEMENT DE PONTOISE

M. Boulogne, architecte à Gonesse.

> *Not. réd.* — Eglise de Goussainville.

M. Dépoin (Joseph), Secrétaire de la Société Historique du Vexin, à Pontoise.

> *Not. réd.* — Eglises de Boissy-l'Aillerie, d'Ennery, d'Osny, de Puiseux, de Saint-Ouen-l'Aumône, d'Eragny, de Neuville. — Sous-Préfecture de Pontoise.
>
> *Not. en prépar.* — Eglises de Cergy, de Vauréal, de Jouy-le-Moutier, d'Auvers, de Courdimanche, de Menucourt, de Boisemont, de Pierrelaye. — A Pontoise : Hôtel-de-Ville, Hôtel-Dieu.

M. Double (Lucien), avocat, conseiller municipal, à Saint-Prix.

> *Not. en prépar.* — Notices sur le canton de Montmorency.

M. l'abbé Gallet, ancien curé de Sarcelles, chanoine à la cathédrale de Versailles.

> *Not. réd.* — Eglise de Sarcelles. — Château d'Ecouen.
>
> *Not. en prépar.* — Ezanville, Bouqueval, Plessis-Gassot, Villiers-le-Bel, Saint-Brice, Moisselle, Maffliers et Monsoult.

M. Girard, ancien notaire, ancien adjoint au maire de Montmorency, à Montmorency.

> *Not. réd.* — Eglise Saint-Martin de Montmorency ; église
> de Groslay.

M. l'abbé Grimot, curé à l'Isle-Adam.

> *Not. réd.* — Eglises de l'Isle-Adam, de Champagne, de
> Frouville, de Jouy-le-Comte, de Livilliers, de Presles,
> de Vallangoujard, de Valmondois, d'Epiais-Rhus, de
> Persan et d'Hérouville.

M. Hahn (Alexandre), membre de la Société d'anthropologie, à
Luzarches.

> *Not. en prépar.* — Commune de Luzarches et autres loca-
> lités du canton.

M. Hérard, architecte, à Paris, 6, rue d'Assas.

> *Not. réd.* — Eglise de Champagne.

M. Le Charpentier, membre fondateur de la Société archéologique
du Vexin français, à Pontoise.

> *Not. réd.* — Eglises N.-D. de Pontoise, de Génicourt. —
> Collège de Pontoise. — Sous-Préfecture de Pontoise.
> *Not. en prépar.* — Eglises de Saint-Ouen-l'Aumône, de
> Cergy, de Vauréal, d'Eragny, de Neuville, de Jouy-le-
> Moutier, d'Auvers, de Courdimanche, de Menucourt, de
> Boisemont, de Pierrelaye. — A Pontoise : Hôtel-de-Ville,
> Hôtel-Dieu.

M. Pouy, membre de la Société des Antiquaires de Picardie,
correspondant du Ministère de l'Instruction publique à Amiens
et à Enghien.

> *Not. réd.* — Eglise de Montmorency.
> *Not. en prépar.* — Eglises de Deuil et de Groslay.

M. Tavet (Camille), propriétaire, à Pontoise.

> *Not. réd.* — Eglises de Moussy, de Brignancourt et de
> Neuilly-sur-Chars.
> *Not. en prépar.* — Eglises d'Arronville, de Menouville,
> de Theuville, du Bellay, de Berville, du Heaume, de
> Haravilliers et de Chars.

M. le Bastier de Théméricourt, maire de Théméricourt.

> *Not. réd.* — Eglise de Théméricourt.

M. Vernier, architecte à Beaumont-sur-Oise.

> *Not. réd.* — Eglises de Beaumont-sur-Oise et d'Asnières-sur-Oise.

ARRONDISSEMENT DE RAMBOUILLET

M. de Coubertin, artiste peintre, Conseiller municipal à Saint-Rémy-lès-Chevreuse.

> *Not. réd.* — Eglises de Chevreuse, de Saint-Rémy-lès-Chevreuse.

M. l'abbé Le Chenetier, aumônier à l'Ecole de Grignon.

> *Not. réd.* — Vitraux de l'église de Montfort-l'Amaury. — Eglises de Feucherolles, de Chavenay, de Crespières, de Davron, de Mesnil-Saint-Denis, de Jouars-Pontchartrain et de Magny-les-Hameaux.
> *Not. en prépar.* — Eglises de Beynes, de Coignières, de Senlisse, de Saint-Remy-l'Honoré, de Lévy-Saint-Nom.

ARRONDISSEMENT DE VERSAILLES

M. Bertrandy-Lacabane, archiviste, de Seine-et-Oise, à Versailles.

> *Not. en prépar.* — Inventaire des richesses d'art des Archives départementales de Seine-et-Oise.

M. Champfleury, chef des collections de la manufacture nationale, à Sèvres.

> *Not. réd.* — Eglises de Ville-d'Avray et de Sèvres.
> *Not. en prépar.* — Eglises de Meudon, de Saint-Cloud et de Garches.

M. le comte Clément de Ris, conservateur du Musée national, à Versailles.

> *Not. réd.* — Eglise cathédrale et église N.-D. de Versailles. — Hôtel de la Préfecture de Versailles.

M. Delerot, bibliothécaire de la Ville, à Versailles.

> *Not. réd.* — Bibliothèque et Musée communal de Versailles (en collaboration avec M. Guiffrey).

Not. en prépar. — Inventaire de l'Hôtel-de-Ville de Versailles.

M. Dussieux, professeur honoraire d'histoire à Saint-Cyr.

Not. en prépar. — Objets d'art que renferme l'Ecole nationale militaire de Saint-Cyr.

M. Dutilleux, chef de division à la Préfecture, à Versailles.

Not. en prépar. — Eglises de Ville-d'Avray, de Viroflay et de Chaville.

M. Mainguet, ancien adjoint au maire, conseiller général, à Versailles.

Not. en prépar. — Eglises Sainte-Elisabeth et Saint-Symphorien, à Versailles.

M. Tournier (Louis), artiste peintre, à Saint-Germain-en-Laye.

Not. réd. — Tapisseries anciennes, conservées à la mairie de Saint-Germain. — Collection de faïences anciennes de l'Hôpital de Saint-Germain. — Christ en ivoire de l'église de Saint-Germain.

TABLE DES MATIÈRES

PREMIÈRE PARTIE.

DEUXIÈME PARTIE.

TROISIÈME PARTIE.

QUATRIÈME PARTIE.

HIC LABOR

DÉPARTEMENT DE SEINE-ET-OISE

COMMISSION

DES

ANTIQUITÉS ET DES ARTS

DE

SEINE-ET-OISE

(COMMISSION DE L'INVENTAIRE DES RICHESSES D'ART)

LISTE DES MEMBRES DE LA COMMISSION
ACTES OFFICIELS
PROCÈS-VERBAUX DES SÉANCES, DU 12 JUILLET 1881 AU 11 AVRIL 1882
NOTICES ET INVENTAIRES PRÉSENTÉS A LA COMMISSION

2ᵉ FASCICULE

VERSAILLES
CERF ET FILS, IMPRIMEURS DE LA PRÉFECTURE
59, RUE DUPLESSIS, 59.

1882

COMMISSION

DES

ANTIQUITÉS ET DES ARTS

DE SEINE-ET-OISE

VERSAILLES
IMPRIMERIE CERF ET FILS
59, RUE DUPLESSIS